THEODOR FONTANE

Die Saison hat glänzend begonnen

Theodor Fontane

Die Saison hat glänzend begonnen

Theaterkritiken

Herausgegeben
von Peter Goldammer

Aufbau-Verlag

Mit einem Nachwort und einem Personenverzeichnis

INHALT

I
KRITISCHE JAHRE – KRITIKER-JAHRE

II
»AUCH AN ›TENDENZ‹ GEBRICHT ES NICHT«
Von Sophokles bis Kleist

III

»DIE MACHT DES ÜBERLIEFERTEN STOFFES«
Dramen des 19. Jahrhunderts

IV

»ICH DANKE FÜR OBST!«
Berliner Theateralltag

V

»MUSS ES DENN DURCHAUS ERHEBUNG SEIN?«
Ibsen – Tolstoi – Hauptmann

ANHANG

I

KRITISCHE JAHRE – KRITIKER-JAHRE

Vorwort

Ich behandele in diesem Bande meinen letzten Lebensab-
schnitt, die Jahre von 50 bis 70. Was sich seitdem noch an-
schloß und vielleicht weiter anschließt, ist Nachspiel. Ich
habe die erste Titelhälfte gewählt, weil die Jahre zwischen 50
und 70, wo das Zünglein beständig schwankt, »kritische Jahre«
sind. Aber wenn dieser Teil des Titels auch anfechtbar sein
sollte, die zweite Hälfte tritt desto berechtigter auf: meine Le-
bensjahre von 50 bis 70 waren meine Kritikerjahre. Zwanzig
Jahre lang, von 1870 bis 90, hatte ich für die »Vossische« das
Referat über die Königlichen Schauspiele (Hülsens letzte und
Graf Hochbergs erste Jahre). Und was ich in diesen zwanzig
Jahren auf meinem Parkettplatz Nr. 23 erlebt habe, will ich
auf den nachstehenden Seiten erzählen, über Stücke, Premie-
ren, Schauspieler, Dichter, ein paarmal auch von mir selbst.
Es war keine uninteressante Zeit, die Zeit von der Aufrich-
tung des Reiches an bis zum Sturze dessen, der es aufgerichtet
hatte. Das war der große Hintergrund. Auf der K[öniglichen]
Bühne spiegelte sich wenig davon ab. Aber doch auch hier
bereitete sich ein Neues vor, es klopfte an, ohne eingelassen
zu werden. Aber man kapitulierte. Es waren die zwanzig Jahre,
wo, Kleinerer zu geschweigen, Gutzkow, Laube, Freytag mehr
und mehr das Feld räumten und Gestalten auftraten, in denen
sich ein Neues wenigstens ankündigte: Wilbrandt, Lindau,
Wildenbruch. Jener beherrschte das Jahrzehnt von 70 bis 80,
diese das von 80 bis 90. Unter den Schauspielern standen Döring und Frieb obenan; auch noch Dessoir, aber schon gebro-
chen. Neue Sterne waren Frau Erhartt, Frau Conrad, Kahle,

Matkowsky. Dazwischen einzelne bedeutende Gastspiele. Über alles werde ich zu berichten haben, aber überall von dem Bestreben geleitet, mich nicht in Details zu verlieren und nach Möglichkeit aufs Ganze hin zu charakterisieren. Daß ich damit ernsthaft Anstoß geben könnte, fürchte ich kaum. Aber Empfindlichkeiten können vielleicht hier und da geweckt werden. Wolle man sie milde beurteilen und dabei im Auge haben, daß, wer Zustände schildern will, nicht bloß loben und Verbindlichkeiten zutage bringen kann.

LETZTE JAHRE

Es drückt es nicht recht aus, denn ein gutes Vierteljahrhundert hat man kaum ein Recht als »letzte Jahre« zu bezeichnen. Ich war auch auf dem Punkt, als Titel »Das letzte Drittel« zu wählen. Aber das klingt prosaisch, rechnungsmäßig, und da habe ich das Unkorrekte dem Korrekten vorgezogen. Auch in bezug auf das, was hier zu geben sei, war ich in einem Schwanken. Ich wollte, weil ich fast diese ganze Zeit ein Theaterreferat hatte, alles dem anpassen und vom Theater, neuen Stücken, Schriftstellern und alten und neuen Schauspielern erzählen. Aber ich gab dies – weil meine Stellung zum Theater nie intim genug war – wieder auf und habe es vorgezogen, den Inhalt bunter zu gestalten.
[…]

PARKETTPLATZ NR. 23

1870 starb der alte Gubitz; die »Vossische Zeitung« sah sich nach einem Ersatzmann für ihn um, und ich rückte an seine Stelle. Mit Beginn der Spielzeit (15. August) sollte ich eintreten.

Als diese Abmachungen im Mai oder Juni getroffen wurden, lag die Welt in tiefem Frieden, und ich genoß in unmittelbar folgender Woche desselben an einer allerfriedlichsten Stelle: ich war in Warnemünde und ging täglich die Mole hinunter bis ans Spill, um einen Seehund zu sehen oder die Segel am Horizont zu zählen. Aber diese Ruhe währte nicht lange, am 9. Juli hatte die Szene zwischen König Wilhelm und Benedetti gespielt, Ende Juli hieß es, die französische Flotte steure in die Ostsee, und Anfang August sagte ich zu meiner Frau: »Die Sache wird hier gefährlich, die Franzosen können jede Nacht landen und entführen dich. Was fang ich dann an?« Unser ältester Sohn, der erst 18 war, war mit dabei, aber es ängstigte mich nicht sonderlich. Ich weiß nicht, wie ich dazu komme, mir das alles nicht so furchtbar vorzustellen. Vielleicht weil ich in dem siebentägigen Krieg von 66 wie befangen war. Noch am 17. oder 18. August, als mir ein Freund unseres Hauses (unser Arzt), der vorsprach, erzählte: der Krieg hat bis heute schon mehr Menschen gekostet als der ganze 66er Krieg, war ich ungläubig. Erst ein paar Tage darauf (nach St. Privat) dämmerte mir eine richtige Vorstellung.

Wirklich, ein gewisses Unsicherheitsgefühl kam über uns, und wir traten am 6. August unsern Rückzug an. In Schwerin, wo wir einen Tag verweilten, hieß es in der sechsten Stunde: großer Sieg (bei Wörth), aber am rechten Flügel (Spichern) steht es noch. Schwerin stand Kopf, und in dem Weinlokal, in dem ich gerade saß, sah ich sofort eine Bowle brauen, wie sie in Deutschland wohl nur in Mecklenburg gebraut werden kann. Am andern Tage war ich in Berlin, und ein paar Tage später begannen die Vorstellungen, und ich nahm meinen Kritikerplatz ein.

Dies war damals Nr. 23. Schon eine merkwürdige Zahl. In überfüllten Hotels bin ich fast immer in Nummer 23 untergebracht worden und habe da Schreckliches erlebt. Das kann ich nun von Nummer 23 im Schauspielhaus nicht eigentlich sagen, ich habe da viel angenehme Stunden zugebracht, aber ein merkwürdiger Platz war es doch auch. Es war nämlich kein eigentlicher Parkettplatz, sondern nur ein Annex, ein Vorposten, ein ausgebautes Fort, man könnte auch sagen ein Sperrfort, und wuchs, ganz in die scharfe Ecke zwischen Proszeniums- und Parkettlogen hineingebaut, von dieser Ecke her in den Parkettumgang vor. Knierempeleien waren also was ganz Alltägliches. Das Häßlichste war die Abgesondertheit. Wer eine hohe Meinung von sich hatte, der konnte sich beglückt fühlen, hier ein Gegenstand der Aufmerksamkeit zu sein. Wer dieses Gefühls entbehrte, für den war es peinlich. Für den Eitlen war Nummer 23 ein kurulischer Stuhl, für den weniger Eitlen ein Armesünderbänkchen. Denn man bilde sich nur nicht ein, daß ein Theaterkritiker ein Richter ist, viel öfter ist er ein Angeklagter. »Da sitzt das Scheusal wieder«, habe ich sehr oft auf den Gesichtern gelesen.

Mein Kritiker-Debut fiel auf den 15. oder 25. August. Es wurde »Wilhelm Tell« gegeben, wohl mit Rücksicht auf die Zeitlage ... Der und der gab den Tell, Friedmann den Geßler. Ich fand die Vorstellung ziemlich langweilig, Friedmann aber sehr gut. Ich sprach das Lob auch aus, und zwar ganz ohne Einschränkung. Am zweiten Tag (damals ging es noch nicht so flink wie jetzt) stand es im Blatt, und schon gegen Mittag hatte ich einen Brief von Friedmann, stilistisches und kalligraphisches Meisterstück und wundervoll in einer Art Königshandschrift unterzeichnet: Siegwart Friedmann. Er schrieb mir, er müsse mir danken: er sei nun schon eine ganze Weile Schauspieler, aber das sei ihm noch nicht vorgekommen, daß ein Kritiker uneingeschränkt und bedingungslos gelobt habe. Dieser Brief hat damals einen großen Eindruck auf mich gemacht und ist nicht ohne Einfluß auf meine Schreibweise geblieben; ich habe vermieden, mit der Linken wieder zu nehmen, was ich mit der Rechten eben gegeben hatte. Natürlich ist dies nur möglich, wenn man, sei's durch das Stück, sei's durch den einen oder andern Darsteller, hingerissen worden ist. Ist dies der Fall, so muß man sich die Freude des herzlichen Lobenkönnens nicht durch Hervorhebung mißglückter Kleinigkeiten selber verderben. Man schädigt sich dadurch in seinem eigenen Genuß. Anders liegt es natürlich da, wo man einer Leistung ruhig gegenübersteht oder wo sich Gutes und Nichtgutes balancieren, da muß man dann freilich seine Gewichte in beide Schalen werfen.

»Wilhelm Tell« war am 25. Ich wohnte noch einer oder
zwei Vorstellungen bei, dann kam eine lange Unterbrechung
durch meinen Abgang auf den Kriegsschauplatz, wenn man
will, durch eine Schlachtenbummlergastrolle. Wenn man will,
kann man es so nennen. Es war aber was anderes. Ich sollte
den Krieg beschreiben, und wer dabei nicht bloß auf seinem
Drehstuhl reiten beziehungsweise mit der Papierschere vorgehen will, wer, wenn weiter nichts, so doch wenigstens die
Szenerie kennenlernen will, um hinterher sein Bild zu malen,
der hat den Beruf, sich die Sache anzusehen. Aber man soll
sich nicht Spielverderber sein. Also Schlachtenbummler! Als
solcher wurde ich gefangengenommen, weggeschleppt (ich
habe darüber ein Buch geschrieben) und war zwei Monate lang
auf der Insel Oléron. In der ersten Dezemberwoche war ich
wieder zurück, verletzte meine Freunde (die in ihrem ärger-
lichen Gefühl gegen mich ganz recht hatten) durch eine halb
ulkhafte Behandlung alles inzwischen Erlebten und nahm
um die Weihnachtszeit meine Berichterstattung wieder auf.

Es kam nichts von Interesse vor, bis Ende Januar etwas Hoch-
interessantes erschien: »Der Gefangene von Metz«, Schauspiel
in 5 Akten von Karl Gutzkow.

Mit Friedmann war es mir gut ergangen, mit Gutzkow ging
es mir schlecht. Ich darf aber sagen: er war schuld.

Es war ein furchtbares Stück.

Jeder anständige Mensch, der einmal Kritiker gewesen ist
oder noch ist, wird wissen, daß es zu den schwierigsten und
peinlichsten Aufgaben des Metiers gehört, oft auch Berühmtheiten, ja, was schlimmer ist, auch solchen, die einem selber
als Größen und Berühmtheiten gelten, fatale Sachen sagen zu
müssen.

Aber da sind nun wieder Abstufungen: Liegt es bloß so, daß
einem die Sache nicht gefällt oder auch andern mißfällt, so kann
man sich drum herumdrücken. Das kann man auch noch, wenn
sie einem beinahe mißfällt, man hebt dann die guten Dinge
(Haupthilfsmittel, unter denen die Hervorhebung der »schönen Sprache« eine Hauptrolle spielt) mächtig hervor und gibt

dem Tadel einen sehr ruhigen, überall abwägenden Charakter. Schlimmer, viel schlimmer wird es schon, wenn man sich
über ein Stück ärgert. Aber auch hier ist noch Maßhalten möglich. Ganz schlimm aber wird es, wenn man sich empört, wenn
man in Indignation und Wut gerät und einem das Gefühl
kommt: »Ja, wenn du hier nicht das Tollste sagst, so ist das
eine Feigheit. Du mußt deiner Indignation Ausdruck geben.«

So lag es für mich, als ich diesen »Gefangenen von Metz«
sah. Das Antifranzösische darin mochte noch gehen, aber es
traf sich auch so, daß es auch antikatholisch war, ja das erst
recht. Und ein von Borniertheit eingegebener Antikatholi-
zismus ist mir immer etwas ganz besonders Schreckliches
gewesen. Und nun in einer Zeit, wo eine zur Hälfte aus Katholiken bestehende deutsche Armee in Feindesland stand, in
solcher Zeit ein antikatholisches Stück oder wenigstens eine
Hauptfigur in ihm, die den Katholizismus widerlich darstellte!
Herr [Wünzer] gab einen Abt oder Bischof, ich glaube, Abt
von Loccum, und sein grob-charaktervolles Spiel schlug dem
Faß den Boden aus. Er hatte zum Unglück auch noch eine
riesige Nase, und diese wirkte wie Sinnbild oder Organ all der
Häßlichkeit, die zu begehen nach dem Willen des Dichters
ihm oblag. Wie hatte man das Stück wählen können! Ich wußte
nicht, wer mir schwerer auf die Nerven fiel: Hülsen, der Intendant, oder der Dichter Gutzkow oder der Darsteller mit
dem Obszönitätsrüssel. Ich saß auf meinem Platz und wand
mich vor seelischem und physischem Unbehagen. Es mußte
das wohl sehr stark in die Erscheinung getreten sein, denn als
der Vorhang nach dem 2. oder 3. oder 4. Akte fiel, ergriff von
dem Parketteckplatz her ein Herr meine Hand und sagte:
»Lieber Fontane, wenn Sie morgen darüber schreiben, vergessen Sie nicht, daß Gutzkow ein kranker Mann ist, oder wenigstens war, sehr krank.« Der Sprecher war Dr. Max Ring.
Es machte einen großen Eindruck auf mich. Ich kriegte noch
einen kleinen Schreck und dankte ihm aufrichtig, daß er mir
das gesagt. Es half aber nichts, wenigstens nicht viel, und ich
kann mir keinen Vorwurf darüber machen. Dann hört alles

auf. Sollen immer erst ärztliche Zeugnisse eingefordert werden, so ist es mit aller Kritik vorbei, gleichviel ob der Kritiker
ein Gerichtspräsident oder bloß der Insasse von Nummer 23
ist. Schlecht ist schlecht, und es muß gesagt werden. Hinterher können dann andere mit den Erklärungen und Milde-
rungen kommen. Gutzkow war natürlich außer sich. Er be-
schwerte sich bei der Zeitung, die sich sehr korrekt benahm
und ihm eine Entgegnung auf meine Kritik zusagte, die zu
widerlegen dann freilich dem Kritiker zustehen müsse. Ich
habe das alles erst später erfahren. Er stand dann davon ab. Ich
glaube zu seinem Frommen, denn wiewohl er ein sehr kluger
Herr und ein Mann großer kritischer Schärfe war (seine Begabung lag recht eigentlich nach dieser Seite hin), so war
ich doch so von dem Berechtigten meines heiligen Eifers
durchdrungen, daß ich, glaub ich, als Sieger aus dem Kampfe
hervorgegangen wäre. Natürlich nur in den Augen einiger
Kenner. Die Publikumsmasse geht nach dem Namen und
hätte in mir den Dorfspitz gesehen, der den Mond anbellt.
Nach dieser Seite hin waren mir noch mehrere Erfahrungen und Demütigungen vorbehalten. Man muß sich drein finden. Es ist ganz anderen Leuten ebenso oder noch schlimmer
ergangen.
[…]

DÖRING

»Er« hätte mich gern vergiftet. Es ging aber nicht recht. Dabei
gutmütig. Ganz Schauspieler. Grenzenlos verwöhnt. Tyrann.
Wer ihn tadelte, war sein Feind. 1842 lernte ich ihn in Dresden kennen. Hingerissen. Für Lustspiel groß: »Liebesproto-
koll« etc. Auch in Charakterrollen: Perrin, Kammerdiener.
Für die Tragödie durchschnittsmäßig, fast störend. Es ging
nur da, wo sich – was oft der Fall – etwas von Humor, von in-
fernalem Humor in den Tragödienstil mit einmischt: Shylock, Lear etc. Ich versah es mit ihm von Anfang an, trotzdem
ich ihn, meines Wissens, immer nur über den weißen Klee
gelobt, aufrichtig bewundert habe. Aber der Ton, glaube ich,

paßte ihm nicht; es klang, so vermute ich, etwas darin, was andeutete: »Ja, das war ausgezeichnet, aber daß ich dich bewundere, das ist das Resultat eines Urteils. Und weil ich urteile, kann ich auch morgen zu einem andern Resultat kommen.« Das war ihm schon störend oder, um in seiner Sprache zu sprechen, eine »Frechheit«. Wie ein orientalischer Despot verlangte er Unterwerfung, Aufschauen zu seiner Herrlichkeit. Indessen die Dinge gingen Jahr und Tag. Als ich dann schrieb, daß ich mit seinem Malvolio nicht einverstanden sein könne, weil er die Rolle mit einem Döringschen Darüberstehen spiele, weil er sich über den Malvolio selber mokiere und ins Publikum hineinspräche: »Ja, dieser Malvolio, ist er nicht ein Narr?«, so käme etwas ganz Falsches hinein, der Ernst der Figur, auf den so viel ankomme, darin eine gewisse Tragik liege, ginge ganz verloren, als ich mich so geäußert hatte, war es vorbei. Seitdem war ich, wie so viele andere, eine Kanaille, und sein Blick, wenn ich ihm begegnete, hätte mich vernichten mögen. Und dabei war ich nach wie vor ein Döring-Schwärmer. Aber man konnte ihm nicht genug tun.

Es wurde dann auch Rats gepflogen, wie man mir am besten beikommen könne. Da sich bei Durchsiebung meines Lebensganges ergab: »bisher unbestraft«, so konnte moralisch nicht gut eingesetzt werden, aber er heckte mit seinem Freunde Glaßbrenner, der damals die »Montagspost« redigierte, doch einen kleinen Vernichtungsplan aus. Und der war nicht übel, wie ich selber zugeben muß. Glaßbrenner bemächtigte sich der Chiffre »Th. F.«, unter der ich meine Theaterberichte schrieb, und in der nächsten Nummer der »Montagszeitung« erschien ein Aufsatz, der sich mit der Referentenbefähigung Th. F.s beschäftigte und worin ich, immer im Fettdruck von Th. F., nicht Theodor Fontane, sondern Theater-Fremdling genannt wurde. Dies war nun wirklich sehr witzig gemacht, und weil mir außer meiner Theaterfremdlingschaft sonst nichts Schlimmes nachgesagt wurde, so war ich in der angenehmen Lage, über den guten Witz mitlachen zu können. Denn, offen gestanden, ich hatte nicht den Ehrgeiz, ein Theater-Ha-

bitué zu sein, und betrachtete das Wort, das mich in der Theaterwelt entwerten sollte, eigentlich als ein Lob, eine Ehrener-
klärung. Daß es besser ist, man weiß in seinem Berufe was als
man weiß nichts oder wenig, das soll auch in bezug auf Theaterkritik nicht bestritten sein, aber wenn ich in die eine Schale
die Vorzüge, in die andere die Nachteile des Nichteinge-
weihtseins lege, so möchte ich, wenn nur eine gewisse literarische Bildung und eine gewisse künstlerische Generalveran-
lagung da ist, die mit leidlich feinfühligen Fingerspitzen gut
von schlecht, echt von unecht unterscheiden kann, beinah
der Meinung sein, daß das Nichteingeweihtsein mehr Vorzüge wie Nachteile hat. Im einzelnen – weil einem die Ver-
gleichsobjekte fehlen – wird man Schnitzer machen, aber im
ganzen wird man freier und unbefangener sein. Es ist jetzt
Mode, von der Unbefangenheit des Nichtwissens zu sprechen. Es gibt einen Satz:»Die Geschichte des gesunden Menschenverstandes ist zugleich die Geschichte seiner Nieder-
lagen«, und dementsprechend wird auch spöttisch von der
»Unbefangenheit des Nichtwissens« gesprochen. Und zwei-
fellos ist dieser Spott oft am Platz. Im ganzen aber – bei allem
höchsten Respekt vor dem Wissen – kommt es doch im
Leben mehr auf den angeborenen als auf den anstudierten
Beruf an. Erfahrung ist besser als Studium, aber auch Erfahrung steht hinter dem von Anfang an Gegebenen zurück.
Nach dieser Abschweifung zurück zu Döring.

   In seiner Kollegenschaft war er gefürchtet und geliebt, von
allen aber bewundert. Ich bin niemals einem andern Urteil
begegnet und möchte fast annehmen, daß man in dieser Huldigung weiter ging als nötig, ja als zulässig. Es ist aber doch
erstaunlich, diesen schönen Zug allgemeiner Zustimmung verzeichnen zu können, die vielleicht weniger in der Bewunderung der einzelnen Leistung als in der Bewunderung der ganzen künstlerischen Persönlichkeit ihren Grund hatte. Er galt
allen als glänzender Typus ihres Berufs, als der geborene Schauspieler. Und das war er wohl auch. Er war (worin ich ihm aber
nicht beistimme) voll Verachtung gegen die, die sich den dar-

zustellenden Charakter erst einstudieren müßten; er betonte mit Stolz: wenn ich eine Rolle gelesen habe, so steht die Figur im ganzen und im einzelnen leibhaftig vor mir, ich brauche kein weiteres Studium, und von Aufgaben bleibt mir nur die: dem geschauten Bilde nach Möglichkeit nahezukommen. Natürlich ist dies das Wahre; wer es gleich weghat wie und wo, das ist immer der wahre Künstler. Durch ein paar Ausnahmen, die Fälle also, wo statt des richtigen Bildes ein unrichtiges vor seiner Seele aufstieg, wird die Regel nur bestätigt. Der Witz und die Überlegenheit liegt nicht in der Frage, ob das aufsteigende Bild richtig oder falsch ist, sondern darin, daß überhaupt was aufsteigt. Vor das Auge des Talentlosen, wenn eine Aufgabe an ihn herantritt, stellt sich gar nichts.

Döring, wie jede bedeutende Künstlererscheinung, hatte natürlich Schule gemacht, Schüler herangebildet. Es werden ihrer viele sein, aber ich will nur einige hier nennen: Friedrich Haase, Krause, Klein […].

Im ganzen – er (Döring) soll sich durch große Mildtätigkeit und Hilfebereitschaft jederzeit ausgezeichnet haben – er war außerordentlich beliebt, im Leben wie unter seinen Genossen auf der Bühne.

Natürlich gab es auch Gegnerschaften. Ich vermeide das Wort »Feindschaft«, weil jemandem ernsthaft »feind sein« wohl überhaupt nicht in seinem Charakter lag. Er ließ sich nur gehen, und, von Jugend auf verwöhnt, fiel er sich nie in den Zügel und gab sich rückhaltlos seinen Sympathien und Antipathien hin. Ein Hauptgegenstand seiner Antipathien war Dessoir. Wer beide noch gekannt hat, wird sich darüber nicht wundern. Dessoir war die tiefere Natur und wohl auch als Künstler tiefer angelegt, wennschon ihm der Geniezug fehlte, den Döring offenbar hatte. Ja, tiefer angelegt. Aber Döring, ganz Lebemann aus der Lutter- und Wegener-Schule, ganz skeptischer und spottsüchtiger Berliner, glaubte nicht recht an dies tiefere Angelegtsein, oder – was mir wahrscheinlicher – er »wollte« nicht daran glauben. Ihm war das alles bloß Manier, Überhebung eines bestimmten funèbren Tons von der

Bühne her ins Leben, und das widerstand ihm. Ich glaube, daß er dabei im Unrecht war und dem armen Dessoir das Leben schwer gemacht hat. Aber dieser, bevor ihn Krankheit niederdrückte, war kein verächtlicher Gegner und seinem Gegner an Charakter und Mut, wenn auch nicht an Witz und Schlagfertigkeit gewachsen. Dafür hielt sich wohl in ihm das Gefühl, alles in allem doch der Mann der »höheren Ordnung« zu sein. Natürlich verdarb er es dadurch vollends. Es gibt zahllose maliziöse Wendungen, in denen Döring seinem Unmut Ausdruck gab, aber sie sind nicht wiederzugeben, es sind Herrenwitze bei Kognak und Zigarre. Nur eine Geschichte von harmloserem Gepräge sei hier erzählt. Die gegenseitige Gereiztheit war wieder sehr hochgradig, als sich Dessoir entschloß, seiner Rache dadurch Ausdruck zu geben, daß er das Stichwort absichtlich versäumte, so daß Döring eine halbe Minute lang (was schon sehr lang ist) in einem ernsten Shakespearestück in die Lage kam, die Pause durch allerhand Mätzchen in Wort und Gesten ausfüllen zu müssen. Das führte dann im Zwischenakt zu einer heftigen Auseinandersetzung: »Was soll das heißen, Herr Dessoir, Sie lassen mich stehen. Sie wollen mich vor dem Publikum blamieren. Und wenn es ein anderes Stück wäre. Aber im ›Lear‹. Ich habe improvisieren müssen. Ein Mann wie Sie muß sich doch vorstellen können, was das heißt, eine halbe Minute lang im Geiste Shakespeares weiterzusprechen. Können Sie's? Ich glaube nicht. Nun ist es, Gott sei Dank, gelungen. Das Publikum hat nichts gemerkt.« Und in seinem lugubersten Tone antwortete Dessoir: »Herr Döring, das Publikum merkt nie etwas.«

Ein anderer, mit dem Döring immer was vorhatte, war Richard Kahle. Ich wähle den milden Ausdruck »immer was vorhatte«, denn von Gegnerschaft war keine Rede, konnte keine Rede sein. Kahle, grade als diese Dinge spielten, war noch sehr jung und voll aufrichtiger Döring-Bewunderung. Er bezeugte sie auch und so aufrichtig, daß Döring dadurch entwaffnet werden mußte. Von Animosität Dörings gegen ihn konnte keine Rede sein, er war nur einfach ärgerlich darüber, daß das Publikum so viel aus Kahle machte und Kahles Lear oder Richard III. beinah mehr bewunderte, als seine Darstellungen dieser Rollen je bewundert worden waren. Er fand das zu viel, *viel* zu viel, und seinen Ärger über diese übertriebene Haltung des Publikums ließ er den ganz unschuldigen Kahle entgelten. Er war nicht eigentlich unliebenswürdig gegen ihn, aber er nörgelte und mäkelte, beständig hervorhebend, daß Kahle wohl zu deklamieren verstehe, aber keinen überzeugenden Naturton habe. Mal entspann sich folgender Dialog:

»Lieber Kahle, Sie sind kein Schauspieler, Sie sind ein Rhetor.«

»Aber, Herr Döring, ich habe doch …«

»Ja, Sie haben Ihre Erfolge. Zugegeben. Es war ja wieder frenetischer Beifall. Aber das Herz haben Sie nicht getroffen, nur das Ohr. Sie sind ein Rhetor.«

Aber, Herr Döring …«

»Machen Sie selber den Versuch. Sie haben keinen überzeugenden Naturton! Sie sind ein Rhetor. Gehen Sie, wenn wir hier fertig sind, rüber zu Lutter und Wegener, und bestellen Sie sich eine halbe Flasche Rotwein. Ich versichere Ihnen, Sie können lange warten – der Küfer bringt Ihnen keine.«

»Aber, Herr Döring … Wenn ich mir Rotwein bestelle … Warum soll er ihn mir nicht bringen?

»Weil er's Ihnen nicht glaubt!«

Ich sagte schon, daß, wenn er solche Gespräche führte, Döring mehr ärgerlich auf das Publikum als auf Kahle war. Und dieser Ärger über das Publikum war ein hervorstechender Zug an ihm. Als echter Berliner war er in ewiger Fehde mit dem Berlinertum, und vor allem mit dem Berliner Theaterpublikum, das ihn dennoch bis an sein Lebensende und mit Fug und Recht verhätschelte. Aber trotzdem, es genügte ihm nicht. »Je mehr er hat, je mehr er will.«

»Oh, dies Berliner Publikum! Sehen Sie, in der ganzen Welt

geht der Mensch ins Theater, um seine Freude daran zu haben. Nur der Berliner geht ins Theater, um diese Freude *nicht*
zu haben, und diese Nichtfreude ist seine einzige Freude. Auf
diese Freude wartet er, und deshalb setzt er sich ins Parkett,
nicht als ein dankbarer Zuschauer, sondern wie ein Sonntags-
schütze, der sich in eine Sandkuhle legt, um einen armen Ha-
sen abzuwarten. Der Hase aber, auf den er wartet, ist der Fehler oder auch bloß der anscheinende Fehler, den der arme
Schauspieler da oben machen soll. Weh ihm, wenn er ihn nicht
macht, dann ist er vollends verloren. Aber, Gott sei Dank, der
Fall tritt nicht ein. Jetzt steckt der Hase den Kopf raus, der
Fehler ist da, und nun knallt er los. Das ist das, was der Berliner sein Theatervergnügen nennt.«

Man hat Wrangel-Anekdoten gesammelt, die mir immer
wie ein Schatz vorgekommen sind, nicht unserer Literatur,
aber unseres eigenartigen preußisch-militärischen Lebens und
somit richtige wundervolle documents humains. Es würde
sich verlohnen, auch Döring-Anekdoten zu sammeln. Aber
es müßte bald sein. Über ein kleines, und es ist zu spät.

Warum sind viele Aufführungen gut,
andere entschieden schwach?
Wie läßt sich dem einigermaßen vorbeugen?

Was die Kritik fordert, sind keine Unmöglichkeiten; sie fordert nur das, was, wenn man Umschau hält, mannigfach geleistet wird oder sehr ausgiebig und alles Lobes wert von denselben Kräften geleistet wird, die an andrer Stelle ganz versagen.
Es fehlt also wirklich weniger an Kräften als an ihrer richtigen
Verwendung. Die vorhandenen Kräfte müssen:

1. nur *das* spielen, was innerhalb des Bereiches ihres Kön-
nens liegt, wobei mäßige Grenzüberschreitungen durch Fleiß,
Ernst, Ausdauer ausgeglichen werden können, und

2. dieser Fleiß muß da sein, muß sich entfalten und bewähren
können. Ein Stück von Lubliner kann sozusagen vom Blatt ge-

spielt werden, wichtige, bedeutende Stücke, wo ganz andere Figuren als Kommerzienräte auftreten, müssen in ihrer Darstellung das Resultat angestrengtesten Studiums der besten und berufensten Kräfte sein. Ist dies alles nicht zu leisten, so fehlt es irgendwo (mit oder ohne Schuld), und es kann von der Kritik nicht verlangt werden, ja es *darf* nicht von ihr verlangt werden, daß sie diesen sehr erklärlichen Unvollkommenheiten Rechnung trägt. Es ist wie mit dem Prediger auf der Kanzel: es mag liegen, wie's will; er muß darauf dringen, daß die vier Alltagsgebote (vom vierten bis zum siebenten) gehalten werden, auch wenn er persönlich einsieht, daß ein großer Notstand da ist, der Ehescheidungen erschwert und Wegnehmungen erleichtert.

Stupid ist das Hervorheben, daß es an andern Bühnen nicht besser sei. Kann man die Iphigenie, die Jungfrau nicht ordentlich geben, so gebe man sie gar nicht. Am schlimmsten verfahren die, die zwischen Klassizität und Modernität oder zwischen Romantik und Aufklärung vermitteln wollen. Diese Transponierungen sind schrecklich. Eine gefeierte Künstlerin deutete mir einmal an, sie gäbe die »Jungfrau« auf die natürlichen Kräfte der Kraft und Tapferkeit hin. Das ist dann die »starke Frau«, wie sie auf Messen und Märkten in mir im Bilde steht mit der Überschrift: »Jenny, die Schweizerin; drei Zentner.«

Die Hälfte der Rollen ist out of question; sie gehören der modernen Welt an, und hier ist die Gewandtheit und gute Schulung ausreichend, die alle unsre Künstler haben.

Die andere Hälfte zerfällt in drei Klassen:

1. In Leidenschaftsrollen, wo hinreißende Kraft entscheidet. *Sturm;*
2. in Rollen, wo die Seele, das Herz, die Güte, die Sanftmut entscheidet. *Licht;*
3. in Charakterrollen aus dem *Leben* wie aus der *Geschichte. Farbe.* Also:
   hinreißende Liebhaber,
   süße Liebhaberinnen,
   historische Bilder.

Was nun zu fordern ist, ist das, daß jeder an seiner Stelle steht. Der Liebhaber kann nicht Alba oder Buttler sein, er wird immer »liebhabern«, aber er muß in seiner Monotonie und Wiederkehr mich doch entzücken.

II

»AUCH AN ›TENDENZ‹ GEBRICHT ES NICHT«

Von Sophokles bis Kleist

SOPHOKLES

König Ödipus

Aufführung vom 20. September 1873
in der Übersetzung von Adolf Wilbrandt

Die Saison 73 auf 74 hat am Sonnabend glänzend begonnen.
Erfüllt sich, was gerüchtweise verlautet, daß dem »König Ödipus« zunächst der »Ödipus auf Kolonos«, dann die »Antigone«
folgen, die ganze Trilogie aber mit dem Zyklus der Shakespearesschen historischen Dramen alternieren wird, so gehen
wir, wenigstens soweit unsere Bühne in Betracht kommt,
einem künstlerisch bewegten Winter entgegen. Es ist Pflicht,
der obersten Leitung des Theaters für diese ernst und aufrichtig gemeinten Versuche zu danken. Ob sie alle gelingen werden, diese Betrachtung darf unsere Freude über die Versuche
selbst nicht stören. Das Streben ist das Entscheidende, nicht
der Erfolg.

Dies muß immer wieder und wieder betont werden, am
nachdrücklichsten nach einer Vorstellung, wie es die Sonnabendvorstellung war. Denn wir stecken bereits viel zu tief in
der Decadence, sind einerseits der zusammenhanglosen Szene,
dem Wortspiel und dem Couplet, andererseits der eitlen Vorstellung, »*neue* und besondere Aufgaben lösen zu sollen«, viel
zu sehr verfallen, als daß wir bei einer »König Ödipus«-Vorstellung etwas anderm als einer *geteilten* Anschauung von der
Berechtigung oder Nichtberechtigung derartiger Aufführungen begegnen könnten. Hie Welf, hie Waibling. An diesem
Dissens eines starken Bruchteils unseres Publikums, der sich
vielleicht auch in der Presse widerspiegeln wird, darf die Oberleitung unserer Bühne keinen Anstoß nehmen. Und wie wir
hoffen, *wird* sie es auch nicht. Die Wahrheit geht nicht mit
der Menge. Jedenfalls wird am Sonnabend, wie wir selbst, so

auch eine dankbare Minorität, das Haus unter dem Doppel-
eindruck einerseits des *Gewaltigen*, andererseits des *Vollendeten*
verlassen haben. Welcher Stoff und welche Kraft, ihn zu bewäl-
tigen! Fabel und Form gleich bewundernswert und von Zeile
zu Zeile jene Klassizität des Ausdrucks, die, ebenso entfernt
von Schwulst wie von Trivialität, einfach-groß ihres Weges
schreitet. Auch an »Tendenz« gebricht es nicht. Keinem wird
sie entgehen, der Augen hat zu sehen und Ohren zu hören.
Aber freilich, jeder wird nur heraushören, was ihm paßt, der
eine: »Fürchte das Verhängnis«, der andere Jokastens trium-
phierendes Wort: »Wo seid ihr nun, ihr Sprüche der Götter!«
    Eine Tendenz ist da, aber freilich nicht das alte Tragödien-
requisit: die *Schuld*. Unsere Dramaturgen haben es mehr und
mehr zu einem Fundamentalsatz erhoben, daß es ohne eine
solche nicht geht; – die Hinfälligkeit dieses Satzes kann nicht
glänzender demonstriert werden als an diesem König Ödipus.
In ihm waltet einfach das *Verhängnis*, und so gewiß jene *Willkür*tragödie verwerflich und unertragbar ist, in der sich nichts
aus dem Rätselwillen der Götter, sondern alles nur aus dem
car tel est notre plaisir eines krausen Dichterkopfs entwickelt,
so gewiß ist es andererseits für unsere Empfindung, daß die *große*,
die echte, die eigentliche Schicksalstragödie unsere Schuldtragödie an erschütternder Gewalt überragt. Es ist der weitaus
größere Stil. In dem Begreiflichen liegt auch immer das Begrenzte, während erst das Unbegreifliche uns mit den Schauern
des Ewigen erfaßt. Die Schuldtragödie dient dem Sittlichen,
indem sie das Gesetz des Sittlichen in dem sich Vollziehenden
proklamiert. So sei es. Aber das Größte und Gewaltigste liegt
in diesem tragischen Gange von Ursache und Wirkung *nicht*
beschlossen. Das Größte und Gewaltigste liegt darüber *hinaus*.
Das unerbittliche Gesetz, das von Uranfang an unsre Schick-
sale vorgezeichnet hat, das nur Unterwerfung und kein Erbarmen kennt und neben dem unsere »sittliche Weltordnung«
wie eine kleinbürgerliche, in Zeitlichkeit befangene Anschauung besteht, dies unerbittliche, unser kleines »Woher« und
»Warum«, unser ganzes Klügeln mit dem Finger beiseite schie-

bende Gesetz, *das* ist es, was die Seele am tiefsten fassen muß, nicht dies Zug- und Klippklapp-Spiel von Schuld und Sühne, nicht die alte Leier von »Zahn um Zahn« und nicht die haec fabula docet-Lehre: Wer Blut vergießt, des Blut soll wieder vergossen werden. All dies ist nicht heidnisch und am wenigsten »modern überwunden«; – es war der große Gedanke Calvins, die *Prädestination* als einen Fundamentalsatz mit in das christliche Bekenntnis hinüberzunehmen. Der Chor im König Ödipus aber schließt:

Drum, dieweil du sterblich, harre, bis sich deinem Auge zeigt
Jener letzte Tag, und preise keinen selig, eh er nicht
Überschritt das Ziel des Lebens, jedem Ungemach entflohn –

eine Mahnung, uns nicht selbstgefällig einzulullen und die Hütte unseres Glücks wohl auf *demütigem* Hoffen, aber nicht auf dem Glauben an unsere Schuldlosigkeit aufzubauen.

Das Stück ging in einer Übersetzung Adolf Wilbrandts in Szene. Dieselbe schien sich durch Leichtverständlichkeit und eine moderne Diktion auszuzeichnen, was wir, da die dramatischen Ansprüche andere sind als die philologischen und selbst als die lyrisch-poetischen, nur begrüßen können. Ebenso schien uns die Teilung des Stücks in eine längere und kürzere Hälfte praktisch-richtig empfunden und an der passendsten Stelle ausgeführt zu sein. Bedenken haben wir nur gegen die Weglassung oder die *Umgestaltung* des Chors. Es mag eine Zeit gegeben haben, wo dies eigentümlich rezitatorische Element durchaus fremdartig auf uns wirkte, diese Epoche aber liegt jetzt hinter uns, und es treten nunmehr Momente ein, wo wir den Chor, wenn er nicht erscheint, geradezu vermissen. So beispielsweise in der Szene, wo Teiresias, nach Ankündigung nahen und furchtbaren Unheils, mit den Worten:

… Und wirst du finden, daß ich log,
Dann nenne mich unwissend in der Seherkunst

den erbangenden Ödipus verläßt. Hier erwartet man das Einfallen einer *klanggetragenen* lyrischen Strophe. Das einfache Wort des Bürgers, das statt dessen folgt, wirkt verhältnismäßig nüchtern. Wir geben dem Bearbeiter wie unserer Bühne anheim, ob nicht der Chor wieder herzustellen und die Wirkung des Stückes, wie wir nicht bezweifeln, dadurch zu steigern wäre.
[...]

SOPHOKLES

Antigone

Aufführung vom 23. Mai 1879
in der Übersetzung von Johann Christian Donner,
mit der Musik von Felix Mendelssohn Bartholdy.
Clara Ziegler als Gast

Eine »Antigone«-Aufführung ist immer ein Ereignis, das veranlaßt zu haben mich vorweg zum Danke gegen den Veranlasser stimmt. Und diesen Dank sprech ich hiermit gegen Frau *Clara Ziegler* aus. Aber ein Mehreres vermag ich nicht. Es hat keinen Sinn und ist gleich ermüdend für mich und das Publikum, immer wieder hervorzuheben, daß die gefeierte Münchener Kolchis-Tochter (denn in der »Medea« steckt ihr Ruhm und ihre künstlerische Existenz) abermals in einer schönen Stellung eine Anzahl schöner Verse mit schöner Stimme vorgetragen habe. Und wenn ich dies wenige wenigstens mit voller Überzeugung sagen könnte! Aber so wenig es ist, es ist dennoch zu viel. Zu viel des Lobes. In der Skulptur mag »die schöne Stellung an sich« und in der Musik »die schöne Stimme an sich« eine Bedeutung haben; in der dramatischen Kunst dagegen ist ihr Wert beschränkt, und ihre Schönheit sinkt zur Bedeutungslosigkeit herab, ja, kann zur Unschönheit werden, wenn ihre spezielle Form an einer speziellen Stelle nicht paßt. Nun möcht ich das Eintreten dieses zuletzt angedeuteten Falles zwar nicht als Regel in dem äußerlichen Schönheitsspiel der Frau Clara Ziegler bezeichnet haben, *das* aber glaub ich behaupten zu dürfen, daß sie sich in ihren Vortragsformen in einem bequemen und klug berechneten Dämmerzustande bewegt, der, wenn mehr Licht gefordert wird, sich auf seine halbe Helle und, wenn mehr Dunkel gefordert wird, sich auf seine halbe Finsternis berufen kann. Allgemeinheiten, die niemals ganz passen, aber auch niemals ganz *nicht* passen! Das Publikum nimmt dies alles auf Treue und Glauben als »große Kunst« hin; in meinen Augen ist es »kleine Kunst«. In scharfer Charakteristik zugleich Typen zu schaffen, *ist* freilich das Höchste; *bloß* aber Typen zu geben, wo Charaktere gegeben werden sollen, ist arm, öde, langweilig. Ich hatte von der Antigone Frau Clara Zieglers auch nicht den geringsten Eindruck. Herr *Berndal* als Kreon, Herr *Ludwig* als Haimon, Herr *Klein* als Teiresias, Fräulein *Meyer* als Ismene, die Herren *Krause* und *Kahle* als Wächter und Bote —alle hatten Momente, wo sie mich rührten oder erschütterten. Nur sie, die mich zumeist hätte rühren sollen, rührte mich nicht. Keine Spur von Innerlichkeit, und als sie zuletzt, mit übergeworfenem grauen Schleier, in ihre Felsengruft abgeführt wurde, dacht ich weniger an des Sophokles Antigone als an die Theodor Stormsche »Regentrude«. *Diese* Antigone hatte mich eben weder für ihr Leben noch für ihr Sterben zu interessieren gewußt.

Herrn *Kleins* Teiresias zeigte mir zuviel Verwandtschaft mit seinem Ben Akiba. Natürlich ist solche Verwandtschaft da, aber diese *könnte* nur mehr zurücktreten, sie *sollte* es auch. Ben Akiba ist ein Weiser, und ihm geziemt jene Ruhe, die sich aus dem »Alles schon dagewesen« als natürliches Resultat ergibt; Teiresias aber ist eine leidenschaftliche Natur, und wie tief auch seine Leidenschaft unter der Asche des Alters verschüttet liegen mag, der Widerspruch, der Ungehorsam und zuletzt der Hohn des Königs fachen die Flamme wieder an. Von dieser Flamme sah ich nicht genug; sie blieb *mehr* unter der Asche, als mir recht erscheinen wollte. Dezentes Spiel ist freilich eine Tugend; aber auch Tugenden können Fehler werden.

William Shakespeare
Hamlet

Aufführung vom 31. Mai 1874
mit Ludwig Marx vom Theater in Straßburg als König Claudius

Nach heiteren, beinah wolkenlosen drei Wochen folgte gestern wieder ein stürmischer Tag. Der letzte Sturm war am
9. Mai (»Iphigenie«). Dann kamen beruhigend, gelegentlich
auch einschläfernd, am 11. Mai »Der verwunschene Prinz«,
am 15. »Der Vicomte von Létorières«, am 18. »Die Bekennt-
nisse«, am 21. die von Scherz und guter Laune getragene Vorstellung zum Besten der »Berliner Presse«, und siehe da, ein
süßes Gefühl, ein Aufatmen überkam mich: »Es ist doch nicht
so schlimm; entschlage dich der Verstimmung darüber, gelegentlich andere verstimmen zu müssen.« Aber freilich, diese
glücklichen Rückfälle in einen Zustand der Hoffnung und
des Leichtnehmens, sie dauern nicht lange, und mir ist heute
zu Sinn, als wäre die fragwürdige Gestalt des alten Hamlet
nicht bloß seinem Sohne, dem Prinzen, sondern auch mir
selber erschienen und hätte mir zugerufen:

> Du scheinst mir willig.
> Auch wärst du träger als das feiste Kraut,
> Das ruhig Wurzel treibt an Lethes Bord,
> Erwachtest du nicht *hier*.

Die gestrige »Hamlet«-Vorstellung entsprach der »Iphigenien«-Vorstellung vom 9. Mai; bei jedem Szenenschluß (die
Gardine fällt etwa zwanzigmal) wurden die Mitspielenden,
durch Parterre- und Galerieenthusiasten, mehr noch vorge-
fordert als gerufen. Ich persönlich konnte die Veranlassung zu
diesen Zwangszitationen nicht entdecken, wurde vielmehr nur
von der immer fester in mir werdenden Überzeugung begleitet,
daß das Klassisch-Ideale und das Historisch-Romantische an
unsrer Bühne gleichmäßig auf eine berechtigten Ansprüchen

entsprechende Darstellung verzichten muß. Mitunter, wie um das Urteil zu wecken, erscheinen Ausnahmen von dem Herkömmlichen; so, zu Beginn des Winters, die Aufführung von »König Ödipus«, und zwei, drei Monate später die von Grillparzers »Des Meeres und der Liebe Wellen«; aber diese Ausnahmen, die sich vielleicht noch erweitern ließen, ändern nichts an der Regel, die in einer nicht wegzustreitenden Unzulänglichkeit für alle großen Aufgaben der Kunst besteht. Lustspiel und Konversationsstück glücken bekanntermaßen. »Iphigenie«, »Tasso« (in den Frauenrollen) und die »Braut von Messina« einerseits, »Tell«, »Wallenstein«, die »Jungfrau von Orleans« andrerseits – wie leblos, wie unberührt vom Geiste der Dichtung ziehen alle diese Gestalten an uns vorüber. Bei den klassischen Rollen gebricht es an Verständnis und großem Stil, bei den romantischen an Erfindung; alles wird mechanisch zusammengeschoben, die Teile sind da – »fehlt leider nur das geistige Band«.

So war es auch gestern. Das Beste war immer noch Hamlet selbst. Ganz abgesehen davon, daß Herr *Berndal,* der ihn spielt, nie schlecht sein kann, gelang ihm vieles vortrefflich, so beispielsweise im zweiten Akt die Begegnung mit den Schauspielern, im dritten Akt die Szene bei Aufführung der »Mausefalle« und die Pikanterien mit Rosenkrantz und Güldenstern; aber weder konnten diese gelungenen Stellen die schwächeren Partien seines eigenen Spiels – wohin wir die Szene mit dem Geist, den berühmten Monolog, das »Geh in ein Kloster«, das »Jetzt könnt ich's tun, bequem, er ist im Beten« und die Szene mit seiner Mutter rechnen – balancieren, noch *wenn* sie's gekonnt hätten, würde diese Balancierung ausgereicht haben, auch alles *das* ins Gleichgewicht zu bringen, was dem Spiele der Mitspielenden fehlte. Gut war nur Herr *Wünzer* (Geist). Einige wenige Töne anders, ein paar Stellen besser charakterisiert, will sagen: aus dem allgemeinen Grau des Vortrags schärfer hervorgehoben, und ich würde nicht Anstand nehmen, diesen Wünzerschen »Geist« für den besten zu halten, den ich bisher auf deutschen und englischen Bühnen kennengelernt habe. In dankbarer Erinnerung hab ich noch den »Geist« des Herrn Franz. Er gab ihn männlicher, körniger, grausiger; aber auch diese Wünzersche Weise, die das Weiche, Wehevolle und Rührende betont, hat ihre Berechtigung und ihre Vorzüge. »Der Rest ist Schweigen.« Wenn in dieser Redewendung, wie gerne zugestanden werden soll, ein bescheidenes Maß von Ungerechtigkeit gegen das eine oder andere Gelungene in den Rollen des Polonius oder Laertes, des Schauspielers oder Totengräbers liegen mag, so bitt ich die Mißgestimmten, gleichviel, ob sie sich auf der Bühne oder im Publikum befinden, gegenwärtig haben zu wollen, daß es, einer Vorstellung wie dieser gegenüber, nicht auf Szenen und Zeilen, sondern auf die Gesamtwirkung ankommt, vor allem auf den Geist, der wie ein Lichtschein die Gestalt des Ganzen umstrahlt. Dieser Lichtschein, der in dieser Hamlet-Dichtung aufflammen und unser Herz mit Entzücken und Grausen wie ein blutiges, hoch in den Himmel hineinwachsendes Nordlicht erfüllen muß, dieser Lichtschein sag ich, leuchtete am Sonntagabend nicht heller wie eine Laterne im Novembernebel. Ein Vergleich, der übrigens insoweit noch verbindlich ist, als dieser gelbgraue, Licht und Leben verschlingende Nebel – in dem, höchst charakteristisch, das Sinnbild moderner Prosa, der »Omnibus«, seinen Verkehr einstellt – ein bestimmtes Maß phantastischer Poesie repräsentiert, von dem nun gerade in der Sonntagvorstellung des »Hamlet«, trotz Doppelkirchhof (zu Anfang und zu Ende), trotz Grab und Mondschein auch keine Spur zu finden war. Eine gefällige Erscheinung in weißer Gaze, die Mohn im Haar trägt, Blumen streut und einiges Unverständliche von St. Valentin sagt, ist noch keine Ophelia; eine blonde Stattlichkeit aber, in ihren Königsmantel drapiert, vermag wohl, an künftigen Bankier-Shakespeare-Abenden als *lebendes Bild* unter der Überschrift »Hamlet und Königin Gertrud« aufzutreten, nie aber, sprechend und tragierend, innerhalb der Tragödie selbst. Allerdings, wie die ganze Aufführung eine Art »Meiningensches Ensemble« repräsentierte, so stimmte auch, um an ihrem Teile zu dieser vielgepriesenen

Einheitlichkeit mitzuwirken, die Königin Gertrud des Fräulein *Stollberg* vorzüglich zu dem König Claudius des Herrn *Marx*. Dieser Claudius, um die Worte der Schillerschen Königin Elisabeth zu zitieren, übte »die schwere Kunst der Verstellung« mit Meisterschaft. Freilich auf seine Weise. Ich würde mich, in Sachen des Vertrauens mit dem alten Eberhard im Bart mindestens wetteifernd, zu jeder Zeit ruhig in den Schoß dieses Königs Claudius gebettet haben, und selbst jetzt, wo ich, mit Hilfe der Komödienaufführung im dritten Akt, auf das bestimmteste weiß, daß er seinem Bruder, dem alten Hamlet, Gift ins Ohr geträufelt und das Faulsein im Staate Dänemark allerpersönlichst verschuldet hat, selbst jetzt kann ich mich nicht entschließen, von diesem Manne zu lassen, der mir, trotz seines Übel-Beleumdetseins, in all und jedem mehr ein Matthias Claudius als ein König Claudius zu sein schien. Wenn Herr Marx engagiert werden sollte, so bitten wir die Direktion, diesen, allen Ernstes, liebenswürdigen Künstler, um seinet- und meinetwillen mit unliebsamen Bösewichtern verschonen zu wollen.

Der »Hamlet« kann ohne *Apparat* nicht bestehen. Und dieser ist nun mal bei unserer Königlichen Bühne der schwächste. Es ist, als ob, mit Hilfe der ewigen Ballettkunst samt ihrem obligaten Zauber, der *wirkliche* Zauber, der auch diesen Dingen anhaften kann, total verlorengegangen wäre. Man hat sich daran gewöhnt, alles schematisch und rein äußerlich zu betreiben und etwa Regula-de-tri-haft zu berechnen: wenn ein erstes Mondviertel, mit Trümmerkapelle und drei Grabkreuzen, ein bis zwei Grad Frösteln liefern, so liefert ein Vollmond mit sechs umgestürzten Leichensteinen die reglementsmäßige Gänsehaut. Ich versichere feierlich: nirgends in der Welt, wo immer auch ich derartigen Dingen begegnet bin, haben sie mich so kalt gelassen, so ernüchtert wie gerade bei uns. Ich habe anderer Orten den entsprechenden Apparat, nach der technischen Seite hin, viel schlechter, aber nie so wirkungslos, nie so total entzaubert gesehen. Wie man von Glückskindern sagt, daß unter ihren Händen alles zu Gold werde, so wird hier alles

zu Blei. Wie ein Fluch des Mißlingens lastet es bei uns auf diesen äußerlichen Dingen, was sich am eklatantesten da zeigt,
wo man sich ersichtlich Mühe gegeben hat, ein Bestes zu tun.
Wie öd und traurig beispielsweise wirkt der »Sommernachts-
traum«; Brosamen, die von des Ballettmeisters Tisch gefallen.
Damit ist aber eine Dichtung nicht zufrieden. Sie erhebt *auch*
ihre Ansprüche. Nach dieser Apparatsseite hin könnten wir
unbedingt viel von den Meiningern lernen, obschon auch bei
ihnen nicht alles Gold ist, was glänzt. Um nur ein Beispiel zu
geben: die Erscheinung des Julius Cäsar im Zelte des Brutus
wirkt wie ein aufgeschreckter Gymnasialdirektor, der, mit
übergeworfenem Schlafrock, plötzlich an ein vollmondbe-
schienenes Fenster tritt, und konnte, offen gestanden, mich
ebensowenig entzücken wie das gestrige Geisterkostüm des
alten Hamlet, der einen halben Truthahn auf dem Helm und
(absichtlich oder nicht) einen mehr rätsel- als gespensterhaft
hin und her pendelnden Behang hinten an seiner Graubluse
trug. Ich bemerke übrigens eigens noch, daß diese *Kostüm-
frage* mit dem *Spiel* der letztgenannten Rolle, das vortrefflich
war, nicht das mindeste zu schaffen hat.

   Alles, alles, Äußeres und Inneres, sollte anders sein und *könnte*
es sein. Wenn man dies bestreitet, so bestreite ich hinwie-
derum das Recht dieser Bestreitung. Hätt ich aber dennoch
unrecht, wären dies wirklich die Normen, über die im wesentlichen nicht mehr hinauszukommen ist, so ist das Theater,
trotz der gerade jetzt wieder herrschenden Theaterepidemie,
doch ein überwundener Standpunkt. In die »Komödie« gehen
– unter der Voraussetzung, daß es durchaus bleiben soll, wie es
ist – ist dann auf die Dauer doch nur ein Vergnügen für Kinder
und für jene *oberen* Theaterschichten, die in aestheticis ewig
Kinder bleiben werden. Wenigstens hierzulande. Denn die sla-
wisch-germanische Mischrace hat, nach Natur und Geschichte,
Verfügung über alle möglichen Tugenden, nur nicht über die
der *Form* und des Geschmacks.

WILLIAM SHAKESPEARE
König Lear

Aufführung vom 11. April 1881
mit Ernesto Rossi als Gast (in italienischer Sprache)

Ernesto Rossi schloß am Montag sein Gastspiel als König Lear. Er hob sich in dieser Rolle wieder auf jene Höhe, darauf er zu Haus ist und die nur sein Hamlet nicht behaupten konnte. Dieser Unterschied in Spiel und Erfolg ist, wenn ich in den Bemerkungen recht habe, zu denen mir sein »Amleto« letzten Sonnabend Veranlassung gab, auch nichts weniger als überraschlich. Der Hamlet hat ein nationales Gepräge, der Lear ist international. Die Jahre nivellieren überhaupt, und der Urgreis, der im Zirkelgange des Lebens bis wieder an die Schwelle der Kindheit kam, ist überall derselbe, gleichviel ob er im Apennin oder unter den Klippen von Dover umherirrt. Und so sah sich denn der Künstler in der Rolle, mit der er am Montag sein Gastspiel schloß, einer Aufgabe gegenüber, an deren Lösung ihn nicht von vornherein ein lokales Gebundensein hinderte. Methusalem, Teiresias, Eremit, Barde, Lear – das ist alles au fond dasselbe, wenigstens auf den Brettern. Es kommt bei Darstellung dieser Figurenreihe nicht auf den *Lokalton*, sondern auf den *Jahreston* an; nicht dies oder jenes durch Himmel, Land und Sitte Bedingte soll uns wechselvoll und in allen erdenkbaren Schattierungen vorgeführt werden, sondern nur das *Alter* an sich. Und das Alter wächst überall.

Rossi gibt den Lear sehr maßvoll, er lärmt und tobt nicht, auch in den Szenen nicht, die von langer Hand her ein Recht darauf zu haben scheinen. Er betont den König und den *zärtlichen* Vater, aber nicht den *empörten*. Alles, was ihm an bitterstem Leid widerfährt, trifft ihn ins Herz und verwirrt ihm den Sinn; *aber es steigt ihm nicht zu Kopf.* Er wird kein Polterer, und selbst in seinem Wahnsinn erklingt immer nur ein weicher und elegischer Ton. Es ist möglich, daß er in dieser Abdämpfung zu weit geht, aber es sind diesen Molltönen Reiz und

Schönheit nicht abzusprechen. Um so weniger, als die gleichzeitig zur Schau getragene königliche Würde vor zu großer Weichheit schützt und allem wieder ein Rückgrat gibt. »Io sono un re« (im vierten Akt) erwies sich denn auch als einer seiner glänzendsten Momente. Meist fielen diese mit den Aktschlüssen zusammen und erregten einen stürmischen Beifall, vor allem am Schlusse des vierten Akts. In der Tat, das wohl eine Minute während stumme Spiel, in dem sich, vom ersten Erinnerungsdämmer an und nun immer wachsend, das Erkennen Cordelias in seinen Zügen ausdrückte, war nicht wohl zu übertreffen. Er stand hier ganz auf seiner Höhe. Die Worte jedoch, mit denen der Erkennungsmoment abschließt: »Sareste voi la mia figlia Cordelia?«, versagten insoweit, als die Wirkung derselben hinter dem schon *vorher* erzielten Effekte zurückblieb. In Richard Kahles Spiel ist dies anders. Er legt seinen besten Trumpf in die *Worte selbst,* und ich halte dies für richtiger. Aber darüber mag sich streiten lassen.

Ich habe nun, sein früheres Gastspiel mit eingerechnet, Rossi in fünf Rollen gesehen und glaube mich in seinen Forcen und Schwächen orientiert zu haben. Er hat es in bezug auf die Kunst, das mit Sinnen Wahrnehmbare darzustellen, zu vollkommenster Meisterschaft gebracht; er sieht scharf, und was er gesehen hat, hat er die Kraft in absoluter Treue zu reproduzieren. Ein Bühnen-Émile-Zola, lange bevor an einen solchen innerhalb der Erzählungskunst gedacht wurde! Das reale Leben ist seine künstlerische Welt, und wie Fechtmeister fechten und Schlagflüssige humpeln oder Gesichter schneiden, wie Schwerverwundete fallen und Sterbende sterben, das alles weiß er genau und gibt er genau. Und dies alles bedeutet *sehr* viel. Wo hingegen das Unfaßbare, das Poetische, meinetwegen auch das Wolkenkuckucksheim unseres Daseins anfängt, da weiß er nicht recht ein noch aus; er hat keinen Führer durch die »schönen Stellen« hin, die seinem realistischen Sinn notwendig als bloße Tiraden, als Überflüssigkeiten erscheinen müssen und zu deren Aneignung und Bewältigung er kein anderes Mittel kennt als Pathos und Deklamation. So bleiben ihm denn

allerhöchste Aufgaben dramatischer Kunst, wie sie sich beispielsweise in Lear, in Shylock und in Othello darbieten, keineswegs verschlossen, aber wenigstens *einige* dieser Aufgaben
entziehen sich seiner Kraft und Kompetenz, und zwar alle *die*,
die nicht mit dem äußeren, sondern mit dem inneren Auge
gesehen sein wollen. Er wird sich immer als ein getreuer
Spiegel unseres wirklichen Lebens erweisen, aber an allem
scheitern, was eine mehr prophetisch geartete Kunst erst er-
fühlen und erdenken soll: an Hamlet, Manfred, Faust.

WILLIAM SHAKESPEARE
Othello

Aufführung vom 7. Februar 1882
mit Gustav Johannes vom Stadttheater in Leipzig als Gast

Je mehr Schule wir bekommen, je seltener jemand *sich* gibt,
sondern statt seiner irgendeinen Meister, der ihm als Vorbild
diente, desto schwerer wird es zu kritisieren; im Laufe der Zeit
wird freilich echt und unecht offenbar, hundert kleine Dinge
haben uns dann nach der Lob- oder Tadelseite hin vergewis-
sert, aber ein paar Gastspielabende, wenn nicht die Begabung
oder ihr Gegenteil eminent hervortritt, reichen selten aus, uns
diese Gewißheit zu geben. Sind es nun gar unkontrollierbare
Rollen, in denen ein wahnsinniger König oder ein revolu-
tionärer Schreihals oder ein konfuser, über alle Regeln der
Logik und des gesunden Menschenverstandes erhabener Dichter und Bettelphilosoph sein Wesen treibt, so wird das Urteilen immer schwerer. Und in die Reihe dieser mindestens
schwer zu kontrollierenden Rollen gehört auch der Othello.
Von der zweiten Hälfte des zweiten Akts an kommt er aus
dem Affekte nicht mehr heraus; ein Stöhnen, Seufzen und
Schreien löst sich zwar untereinander ab, bleibt jedoch in Per-
manenz und zieht in jedem passend erscheinenden Moment
auch noch Augenrollen und konvulsivisches Sichwinden als

Auxiliartruppe heran. Unter solcher sensationellen Dusche
ruhig zu bleiben oder gar das Kunstmaß dieses oder jenes Dar-
stellers kritisch genau zu bestimmen, ist nicht jedem gegeben,
und ich für mein Teil lege gern das Geständnis ab, von allen seit
über dreißig Jahren mir zu Gesicht gekommenen Othellos so
ziemlich denselben Eindruck empfangen zu haben. Es liegt
das einerseits an der mit Leidenschaftsausbrüchen überfüllten
Dichtung, andererseits an einer Spiel- und Darstellungsweise,
die traditionell und stabil geworden ist, weil sie's werden *mußte*.
Denn wer der Dichtung nicht Zwang antun will, wird sich im
wesentlichen immer wieder genötigt sehn, die Titelrolle so zu
spielen, wie sie der Vorgänger und der Vorgänger des Vor-
gängers spielte. Kleine Nuancierungen, ob etwas weicher, ob
etwas wilder, bedeuten dabei nicht viel. Es bleibt eben, neben
aller dichterischen Großartigkeit, ein großes Gelärm. [...]

WILLIAM SHAKESPEARE
König Heinrich IV. Erster Teil

Aufführung vom 8. Februar 1873

Wie vor einigen Wochen »Richard II.« nach einer Bühnen-
bearbeitung W. Oechelhäusers gegeben wurde, so am letzten
Sonnabend »Heinrich IV.«. Inwieweit sich diese Bearbeitung
von der sonst an unserer Bühne heimischen unterscheidet,
vermögen wir nicht anzugeben. Das Stück wird zu selten gegeben, um aus der Erinnerung urteilen zu können; ein Vergleich mit dem Bühnenmanuskript aber ermöglicht sich für
uns ebensowenig. Wahrscheinlich beschränken sich die Än-
derungen auf einzelne Kürzungen und Umstellungen. Die
Szene zwischen Heißsporn und Lady Percy, die im Original
dem zweiten Akt angehört, ist sehr verständig in den dritten
gelegt, doch möchten wir mutmaßen, daß dies ein älteres,
längst in praxi bestehendes Arrangement und kein Resultat
der Oechelhäuserschen Bearbeitung ist. Der Wert dieser Be-

arbeitungen überhaupt wird sich erst bei der intendierten Vorführung anderer historischer Dramen Shakespeares, namentlich »Heinrichs VI.«, klarer herausstellen.

Die Sonnabendaufführung war im wesentlichen eine Brillantleistung unseres *Döring*, der sich, seit wir ihn zuletzt als Falstaff sahen, in dieser Rolle noch perfektioniert zu haben scheint. Wer soll dies nach ihm leisten? Vergeblich sehen wir uns nach einem Nachfolger um; die Besten reichen ihm in *dieser* Rolle kaum bis ans Knie. Daß er sie da nicht wahrnimmt, ist verzeihlich, denn: »Hans, wann hast du zum letztenmal dein Knie gesehen?« ist eine der verfänglichen Fragen, die Prinz Heinz an ihn richtet.

Von allem, was *nicht* Falstaff an dem Stücke ist oder von dieser Sonne umleuchtet wird, kann man, einige wenige Momente abgerechnet, mit gutem Gewissen sagen: »Es verlief interesselos.« Dieser Ausnahmemomente waren zwei: Percy (Herr *Berndal*) in der Schlußszene des ersten Akts, wo er »den Star abrichten lassen will, der nur ›Mortimer‹ spricht«, und Lady Percy (Fräulein *Meyer*) in der Szene mit ihrem Gemahl zu Beginn des dritten Aktes. Das »Heißsporn«-Element, das vor heftiger Erregung Blubbernde und Stotternde in der Percy-Rolle brachte Herr Berndal ganz vorzüglich zur Geltung; ebenso gewann Fräulein Meyer wieder unser Herz durch den *vollen* Reiz ihrer Erscheinung. Dem Nicht-Ausplaudern-Wollen ihres sonst so plauderhaften Gemahls stellte sie ihrerseits einen Zauber weiblicher Offenheit gegenüber, dem auch der Zuschauer erlag.

Wenn die eigentlich historischen Szenen – wie das bei Aufführung Shakespearescher Dramen immer der Fall zu sein pflegt – wirkungslos verliefen, so wolle man sich doch bei der Beklagung über diese Tatsache nicht hinter der Annahme verschanzen, daß ein großstädtisch-modernes Publikum *überhaupt* nicht für derlei Dinge einzunehmen sei. Das ist halb richtig, aber doch auch wirklich nur halb. Es gibt ihrer, bei gut besetztem Hause (wie es beispielsweise am letzten Sonnabend in *jedem* Sinne der Fall war), immer noch Hunderte, die sich für den historisch-romantischen Feingehalt dieser Stücke aufs lebhafteste interessieren, nur muß dieser Feingehalt auch wirklich an sie herantreten. Das geschieht aber nicht, zum Teil durch Schuld zufällig äußerlicher Verhältnisse und fatumartig herrschender Traditionen, zum Teil durch Schuld der Schauspieler. Ein außerordentlich starker Bruchteil der Dichtung geht einem in dem weiten Raum des Hauses oder in dem Geklapper der Parkettsitze oder infolge der alten Unsitte verloren, daß die Schauspieler *zueinander*, aber nur ausnahmsweise zum Publikum sprechen. Wenn eine Dichtung aber als solche wirken soll, so muß sie doch vor allem verstanden werden. Der Erfolg unserer mehr und mehr in Mode kommenden Vorleser und Rezitatoren beruht zu erheblichem Teile auf dem Bedürfnis des Publikums, nicht bloß die *Erscheinung* der Dinge, wie sie die Bühne gibt, sondern auch den geistigen Inhalt eines Dramas, seine poetische Detailfülle kennenlernen zu wollen. Das versagt uns das moderne Theater; man versteht eigentlich nur die Stellen, die man auswendig kennt. Die Ungunst zufällig äußerlicher Verhältnisse, wie schon hervorgehoben, mag an diesem Übelstande und infolge dieses Übelstandes an so vielen Miß- und Halberfolgen die größere Schuld tragen, unsre Schauspieler indes tragen wenigstens *mit* an dieser Schuld. Mehr oder minder durch die Haltung eines gelangweilten und, wie sie meinen, *doch* nicht zu erobernden Publikums dazu bestimmt, bringen sie diesen ihren Rollen kein volles Herz entgegen und sind froh, wenn sie aus ihrem blechernen Rittertum, überhaupt aus der ganzen mittelalterlichen Parüre wieder heraus sind. So wirkt alles marionettenhaft; es steckt kein Leben drin. Herr *Wünzer* z. B. ist ein *sehr* guter Schauspieler; aber er kann nicht verlangen, daß wir diesen König Heinrich als eine Leistung hinnehmen. Er hat sich mit dieser herrlichen Rolle innerlich so wenig vermählt, daß er sie rein äußerlich, ihrem Wortgehalte nach, nicht einmal sicher und korrekt wiederzugeben vermag.

Die Ausstattung, die wir diesen historischen Shakespeare-Dramen zu geben pflegen, ist nicht von der Art, daß sie im-

stande wäre, sonstige Mängel auszugleichen. Wir hegen in
Deutschland den unerschütterlichen Glauben, daß wir unsern
Shakespeare am besten verstehen, wohl auch spielen, und damit basta. Wir wollen nicht daran rütteln. Nur so viel. Wo die
Douglas-Anhänger ihre Mac-Gregor-Strümpfe herhaben, mögen die Götter wissen; wahrscheinlich Beute aus einem der
vielen Clankämpfe. Und nun endlich Shrewsbury! Die Preußen verstehen sich bekanntlich auf *reales* Schlachtenschlagen
comme il faut; aber an ihren Bühnenschlachten sollte auch
der feinste Moltke die Sieger von Leuthen, Leipzig und Lipa
schwerlich wiedererkennen!

WILLIAM SHAKESPEARE
König Heinrich IV. Zweiter Teil
Aufführung vom 25. März 1873

Napoleon I. schrieb 1810 an Massena nach Spanien: »Berichten Sie mir täglich, auch wenn nichts vorgefallen ist; es kann
von Wichtigkeit sein zu wissen, daß sich nichts zugetragen
hat, *daß Erwartungen ausgeblieben sind.*« An diese Briefstelle
wurden wir während der ersten anderthalb Akte der Dienstag-
vorstellung lebhaft erinnert. In unserm Herzen begann sich
mehr und mehr die Anschauung festzusetzen: solche Aufführungen müssen von Zeit zu Zeit stattfinden, auch wenn die
daran geknüpften Erwartungen *nicht* in Erfüllung gehen. Eine
Art gesinnungsvolle Resignation kam über uns. Aber alles
entwickelte sich weit über unsere Befürchtungen und fast über
unsere Hoffnungen hinaus. Wenn man den Tag vor dem
Abend nicht loben soll, so soll man den Abend auch vor dem
fünften Akt nicht tadeln. Dies ist hyperbolisch gesprochen;
die Wendung zum Guten vollzog sich schon in der Mitte des
zweiten Akts. Wir verließen das Haus unter der Empfindung:
Die beiden Teile »Heinrich IV.« sind einander ebenbürtig.
    Diese Empfindung widerstreitet freilich der gang und gäben

Annahme, die uns nur berechtigt scheint, wenn man alles Gewicht auf die Falstaff-Rolle legt. Diese ist im ersten Teil unzweifelhaft reicher bedacht als im zweiten. Der Witz schäumt frischer vom Faß, alles zeigt sich gesättigter von Übermut und guter Laune; Sir John, in allen Szenen, wo er auftritt, ist Mittelpunkt, führt das Wort oder hat den letzten Trumpf. Anders im zweiten Teil. Hier, in vielen Situationen, läßt er es an sich kommen; er beobachtet mehr, reflektiert im stillen, sammelt Stoff. Die ersten Szenen abgerechnet, wo er, namentlich in dem Zwiegespräch mit dem Lord-Oberrichter, noch der übermütige Falstaff aus Teil I ist, begnügt er sich mit kürzeren Sentenzen; die Redseligkeit ist ihm abhanden gekommen; selbst die Liebkosungen Dortchens machen ihn nicht eigentlich beredt, und seine Ansprachen an Schimmlich und Bullenkalb sind Witze und Wortspiele. Die breite Woge des Behagens fehlt. Er ist älter und die Zunge ist schwerer geworden. Nach dieser Seite hin tritt der zweite Teil hinter den ersten zurück. Aber ganz abgesehen davon, daß beide Stücke in eine historisch-romantische und genrehaft-humoristische Hälfte sich teilen, läßt sich kaum behaupten, daß Falstaff der alleinige Träger dieser zweiten Hälfte sei. In Teil II gewiß nicht. Es führt deshalb irre, wenn der Witz beider Stücke lediglich an dieser *einen* Gestalt gemessen werden soll; man muß vielmehr den humoristischen *Gesamtgehalt* gegeneinander abwägen, und so gewogen bleibt es immerhin fraglich, ob nicht die Schale vielleicht zugunsten des zweiten Teiles sinkt. Pistol und die Friedensrichter Stille und Schaal sind drei Gestalten, die dem Teil II ein sehr Erhebliches an Witz und Humor zulegen. An mehr denn einer Stelle ziemlich ersichtlich auf Kosten Falstaffs. – Was nun gar die historische Hälfte dieser Stücke und ihre Wertstellung nebeneinander angeht, so wird die Überlegenheit des zweiten Teils nicht wohl zu bezweifeln sein. Die Gestalt Percys sieht sich durch die Gestalt Erzbischof Scroops nahezu balanciert, und was an Gewicht noch allenfalls fehlen mag, wird mehr als ausgeglichen durch die große Schlußszene des vierten Akts: das Hinscheiden König Hein-

richs. Störend und Abzüge machend von dem guten Gesamt-
resultat wirkt nur die der letztgenannten unmittelbar voraufgehende Szene, wo die königliche Partei, der wir doch, nach
dem Willen des Dichters, unsere Sympathien entgegentragen
sollen, sich durch häßlichen Verrat um diese unsre Sympathien bringt. Vielleicht hegte man zu Shakespeares Zeiten für
solche silbenstecherische Kriegslist, wenn sie nur der eignen
Sache diente, mehr Beifall als heutzutage. Jede Epoche hat
ihre Moral, namentlich auch ihre *politische* Moral. Nicht mehr
auf dem Standpunkt von damals zu stehen, können wir übrigens nur als einen begrüßenswerten Fortschritt ansehen.
    [...]

WILLIAM SHAKESPEARE

Was ihr wollt

Aufführung vom 9. Januar 1874

Wenn die nächsten Monate nicht noch Großes im Schoße
bergen, so wird der diesjährige Winterfeldzug drei Siege zu
verzeichnen haben: den »König Ödipus«, den »Tasso« und
»Was ihr wollt«. Soll der Beifall den Gradmesser abgeben, so
war der gestrige Erfolg der größte. Wir unsererseits, ohne dadurch anderes bemängeln zu wollen, denken in besonderer
Dankbarkeit an den »König Ödipus« zurück, der leider vom
Repertoire wieder verschwunden scheint. Im übrigen begrüßen wir die Neumaxime der Direktion, die, im Einklang
mit der bekannten Rubrik eines unserer Witzblätter, anstelle
des herkömmlichen »Geschwind, was gibt's Neues?« das viel
bessere »Geschwind, was gibt's Altes?« zu setzen beflissen gewesen ist. Weder die Bühne noch das Publikum sind dabei zu
Schaden gekommen, nicht einmal vom Standpunkte der
bloßen Neugiersbefriedigung aus. Denn in der Hast unsres
Daseins und der davon unzertrennlichen, immer wachsenden
Virtuosität im Vergessen, wird es jeden Tag aufs neue wahr:
daß das Älteste das Neueste ist. Möchte doch unsere oberste

Bühnenleitung dieser Wahrheit mit einer gewissen Vorliebe eingedenk sein. Es ist Aufgabe des Theaters, uns zu erheben und zu erheitern, und das *Neue* soll dabei eine besondere Berücksichtigung finden, wenn es jenen Zwecken dient; das Neue aber, bloß als Neues, hat gar keine Berechtigung und kann durch zurückliegendes Bewährtes sehr wohl ersetzt werden. Das Echte ist immer jung.

»Was ihr wollt« – wie die historischen Shakespeare-Dramen, die wir in diesem und dem vorigen Jahre zur Aufführung kommen sahn – wurde am Freitagabend nach der Oechelhäuser-schen Bearbeitung gegeben. Eine Untersuchung darüber, inwieweit eine solche Bearbeitung das Richtige getroffen hat und inwieweit nicht, erfordert einen Essay und gehört unseres Erachtens nicht in den engen Rahmen einer Theaterkritik, wenn nicht durch einen eigensinnigen oder unglücklichen Schnitt geradezu das Leben des Stückes lädiert worden ist. Ein »Macbeth«, in dem die Tafelszene mit Banquos Geist oder die Nachtwandelszene gestrichen wäre, wäre nicht Macbeth mehr, ob aber dieser oder jener Dialog fortfällt, diese oder jene Szene, deren Fortfall – wenige Shakespeare-Kundigste abgerechnet – nur der mit einem Buche Bewaffnete überhaupt wahrzunehmen vermag, erscheint uns von ziemlich geringer Bedeutung. Zweck dieser Bearbeitungen kann doch nur der sein, den Stein, unter Beseitigung blindgewordenen Goldes, *so* zu fassen, daß er am hellsten leuchtet. Die Details der Neufassung, so oder so, sind dabei mehr oder minder gleichgültig, wenn nur dieses hellste Leuchten überhaupt gewonnen wird. Dies haben wir – zwei, drei Fälle in den Königsdramen abgerechnet – bei Oechelhäuser nie vermißt. Auch in seiner gestrigen Bearbeitung nicht.

Wir wenden uns nun der Aufführung zu. Sie war eine ausgezeichnete. Selbst über das, was uns nicht das Richtige zu treffen schien, läßt sich rechten. Herr *Ludwig* hatte die Rolle des Herzogs, die, räumlich nicht hervortretend, doch keineswegs zu den unbedeutenden zählt. Sie verlangt, außer entsprechender äußerer Repräsentation, auch einen poetischen

Zug von Schwärmerei und stillem Liebesweh, den ihr Herr
Ludwig zu leihen wußte. Wir finden ihn in diesen ruhigen,
beinahe leidenschaftslosen Partien am glänzendsten.

Die weiblichen Rollen, von der wenig charakteristischen
Partie des Kammermädchens (Fräulein *Taglioni*) abgesehen,
waren in den Händen der Damen *Meyer* und *Keßler*. Fräulein
Meyer (Viola) traf es vollkommen; wir haben sie nie ansprechender gesehen. Das Anmutige ihres Wesens bleibt ihr, und
das Larmoyante schwindet mehr und mehr. Sie ist auf dem
Punkt, ein Liebling zu werden. Fräulein Keßler (Olivia) traf
es nicht. Dergleichen liegt nicht in ihrer Natur. Sie ist ganz
modern. Es kann vorkommen, daß die Weise, die ihr eigen
ist, auch mal in einem historischen Stücke sich ansprechend
geltend macht, so beispielsweise in der Rolle der Katharina in
»Heinrich V.«; im allgemeinen aber darf man sagen, wo die
Historie anfängt, hört Fräulein Keßler auf. Wir lassen es bei
diesem Ausspruch bewenden, ohne weiter zu Motivierungen
zu schreiten, was doch immer nur zu einem Aufzählen von
Mängeln führen kann, die wir schon zehnfach genannt haben
und die abzutun außerhalb aller Möglichkeit der Künstlerin
liegt. Nach unserem Dafürhalten mußte Frau Erhartt diese
Rolle geben; sie hat alles dazu.

Wir kommen nun zu den Trägern des komischen Teils der
Handlung, welchem sich – worin wir dem Oechelhäuserschen
Vorwort ganz zustimmen – immer wieder das Hauptinteresse
der Zuhörer zuwenden wird. Es ist zunächst ein Kleeblatt:
Tobias von Rülp (Herr *Hiltl*), Christoph v. Bleichenwang
(Herr *v. Hoxar*) und der Narr (Herr *Kahle*), zu denen sich
dann – ihnen gegenüberstehend – Malvolio (Herr *Döring*) gesellt. Die erstgenannten drei waren auf ihrer Höhe und ern-
teten den reichsten Beifall. Die Trink- und Gesangszene zu
Beginn des zweiten Aktes war ein Bijou und das Publikum
mit Recht davon hingerissen. Herrn Kahle lernten wir von
einer neuen Seite kennen; er singt allerliebst und mit vieler
Kunst. Wenn im übrigen, wir wollen nicht sagen ein reicherer Teil des Beifalls überhaupt, aber doch ein reicherer

Teil *herzlichen* Beifalls den beiden Junkern (Herrn Hiltl und Herrn v. Hoxar) zufiel, so liegt das daran, daß wir an jene Witzform, in der sich die Shakespeareschen Narren ergehen, nicht mehr recht hinankönnen. Auch nicht wollen. Ebenso gewiß, wie wir die sonettistisch zugespitzte Liebessprache Juliens (in »Romeo und Julia«) nicht mehr recht goutieren können, so auch die pointierte Sprache dieser Herren von der Schellenkappe. Entweder verstehen wir sie gar nicht, oder wenn wir sie verstehen, wissen wir nicht recht, was wir damit machen sollen. »Ich habe dein Präsent in den Sack gesteckt, denn Malvolios Nase ist kein Peitschenstiel, mein Fräulein hat eine weiße Hand, und die Myrmidonier sind keine Bierhäuser.« Ich beneide den, der hierüber lachen kann. Von solchen Stellen wimmelt die Rolle. Dem Darsteller derselben gereicht es dabei noch zu einem besonderen Nachteil, daß er durch Haltung und Mienenspiel beständig ausdrücken muß: »Jetzt, meine Herren und Damen, kommt etwas ganz Wundervolles«. Es kommt aber nicht, wenigstens nicht für *unser* Verständnis. Und so bleibt es schließlich nur erstaunlich, in wie hohem Grade Herr Kahle dieser Schwierigkeiten Herr wurde.

Herr *Döring* gab den Malvolio, diese klassische, einzig dastehende und berühmteste Rolle des Stücks. Er gab sie an seinem einundsiebzigsten Geburtstage (Theodor Döring, geb. am 9. Januar 1803). Wir möchten dem hochverdienten Künstler zu Ehren dieses Tages gern einen Kranz oder wenigstens ein der jetzigen Mode entsprechendes Tellerbukett überreichen, aber dies Bukett schrumpft zu unserm Leidwesen zu einem bloßen Sträußchen zusammen. Herr Döring gibt den Malvolio als Döring. Er ist er selbst, ganz er selbst, wie wir ihn kennen und lieben. Und *weil* wir ihn lieben in seiner Eigenart, so begleitet ihn und sein Spiel auch der Beifall des Hauses. Aber die Döringsche Eigenart, so möchten wir vermuten, deckt sich nicht mit der Eigenart Malvolios. Den Beweis dafür zu suchen ist schwer. Wer will jetzt noch feststellen, wie diese Gestalt des »ernsten Narren« vor der Seele Shakespeares gestanden hat. Aber inmitten dieser Ungewißheiten steht doch zweierlei fest: einmal, daß diese Figur immer als der Prototyp des *ernsten* Narrentums gegolten hat, und zweitens, daß sie auf der englischen Bühne, zu allen Zeiten, im Einklange hiermit dargestellt worden ist. Ich selbst habe sie, vor beinahe zwanzig Jahren, im Londoner Haymarket-Theater derartig aufführen sehen. Von diesem ernsten Narrentum war nun aber in Herrn Dörings Spiel wenig oder nichts. Es wirkte *unmittelbar* komisch, und zwar dadurch, daß er den Prozeß, den erst der *Zuschauer*, indem er den übertriebenen Ernst Malvolios belächelt, durchmachen soll, bereits *seinerseits* vollzogen hatte. Er stand nämlich *über* sich selbst, indem er seine eigene Feierlichkeit persiflierte. Auch eine *solche* Gestalt kann wirkungsvoll sein, ja sie war es, wie der reichlich gespendete Beifall bewies, aber es ist der traditionelle Döring, dem dieser Beifall wurde, nicht der traditionelle Malvolio. Herr Berndal mußte diese Rolle geben.

Inszenierung und Zusammenspiel waren trefflich. Nur eins: warum muß – wenn unser unmusikalisches Ohr uns nicht trügt – immer dieselbe Flöten- und Harfenmelodie, beinah spieldosenartig, hinter der Szene gespielt werden? Wenn man »Aschenbrödel« drei Tage vorher unter diesen Klängen hat einschlafen und erwachen sehn, so überrascht es einigermaßen, dieselbe »süße Weise« auch am illyrischen Hofe des Herzogs Orsino wiederzufinden.

Aufführung vom 24. Januar 1884

[…]

Das Stück selbst, all seiner weichen Schönheiten unerachtet, machte bei der vorgestrigen Aufführung keinen großen Eindruck auf mich. Es lag zumeist wohl am Spiel, das in den komischen Szenen so wenig auf der Höhe stand, daß ich nur ein einziges Mal, und zwar bei Vortrag des Miau-Kanons im zweiten Akt, herzlich gelacht habe. Daß die verhältnismäßig ernsteren Szenen, also beispielsweise die mit Gräfin Olivia, dies Manko nicht ausgleichen konnten, liegt auf der Hand.

Das Spiel also. Dennoch war es nicht *bloß* das Spiel, was die Heiterkeit von aller Hochgradigkeit fern hielt. Offen gestanden, diese Pointiertheiten und Witze, die, selbst wenn man sie liest, einem nur ein sauersüßes Lächeln abgewinnen, können einen von der Bühne her nicht mehr recht froh ums Herz machen, schon deshalb nicht, weil man sie nicht versteht. Junker Tobias, Junker Christoph Bleichenwang, der Narr und das Kammermädchen lachen beständig, und weil man sie so herzlich, so nachdrücklich und anhaltend lachen sieht, denkt man im Parterre: »Nun, es muß doch wohl etwas furchtbar Komisches gesagt worden sein« und lacht am Ende mit. Vielleicht war man im 16. Jahrhundert viel witziger als im 19., aber witziger oder nicht, unser Witzanspruch von heute deckt sich nicht mehr mit dem von damals, und so sitzt man denn verlegen da, wenn Junker Tobias von Rülp seine Witz- und Humorschleusen aufzieht. Freilich, nicht *alle* sitzen verlegen da, manche, ja viele lachen anscheinend herzlich; aber Einbildungen samt Haberei und Tuerei regieren die Welt.
[...]

MOLIÈRE

Der eingebildete Kranke

Aufführung vom 28. November 1871

[...] Wir haben uns daran gewöhnt, und zweifelsohne mit Fug und Recht, die Komödien Molières als *klassisch* anzusehen; wie wenig indessen würden wir geneigt sein, diesem »Eingebildeten Kranken« das erwähnte Epitheton zu geben, wenn der Verfasser mit und unter uns lebte, statt seit zwei Jahrhunderten in Frieden zu ruhen! Es ist ein reizendes, höchst amüsantes Stück, voll echter Komik, voll ewiger Frische, aber es hat wenig von dem, was wir an den Lustspielen von Lessing, Heinrich v. Kleist, Sheridan und vielen andern bewundern. Es tritt in diesem »Malade imaginaire« keine einzige Figur auf, die nicht einen possenhaften Beisatz hätte; sämt-

liche Partien sind chargierte Rollen; es ist eine Darstellung des
Lebens, wie wir gewohnt sind, ihr in komischen *Opern*, im
»Barbier von Sevilla«, im »Liebestrank«, in »Doktor und Apotheker« zu begegnen; man erwartet jeden Augenblick Harle-
quin und Colombine erscheinen zu sehen, oder wenigstens,
wenn sie erschienen, man würde sie sich gefallen lassen. Ein
italienisches Volkstheaterelement guckt aus jeder Szene, aus
jeder Rolle hervor, und Monsieur *Argan*, der eingebildete
Kranke (Herr *Döring*), wenn er Toinetten mit seinem Stock
verfolgt oder der kleinen Louison mit der Rute droht oder
in seinem Krankensessel, noch dazu auf Rat seines Dienst-
mädchens, sich tot stellt, ist nicht ohne Anklänge an Polici-
nell. Diese Bemerkungen machen wir nicht, um den seligen
Molière noch nachträglich zu molestieren, sondern umgekehrt, um uns die Frage vorzulegen, ob wir mit unserer steten
Forderung, »im Lustspiel das Possenhafte zu vermeiden und
das Leben in seiner Wahrheit auf uns wirken zu lassen«, denn
so ganz auf dem rechten Wege sind. Es scheint doch noch ein
Höheres, mindestens ein anderes, Gleichberechtigtes zu geben,
das – ähnlich wie in der *großen* Tragödie – die bloße Wirklichkeit, die sozusagen bürgerliche Lebenswahrheit der Charaktere aufgeben darf, um auch im Komischen einem Ideale
nachzustreben, einem Ideale, das seine eignen Gesetze hat.
Unsere Modernen versahen es wohl nur darin, daß sie beide
Arten der Behandlung *mischen*, was gewiß sein Bedenkliches
hat. Ein Stück, das in sechs seiner Gestalten ein Lebensbild
sein will, muß es auch in der siebenten und achten sein, während es ihm doch freigestanden hätte, alle acht nach einem
höheren Kunstgesetz zu gestalten. Man soll nicht alles mit
einer Elle messen; aber jedes einzelne Kunstwerk soll *das* Maß
ertragen können, nach dem es, seinem eignen Gesamtcharak-
ter nach, gemessen sein *will*.

[...]

MOLIÈRE

Tartuffe

Aufführung vom 13. Februar 1885

In einem erst vor kurzem erschienenen Buche: »Psychologie der französischen Literatur« schreibt der Herr Verfasser (Dr. Eduard Engel) über den ihm besonders sympathischen Molière: »Die französische Literatur genießt des Vorzuges, Weltliteratur zu sein, überall in der Welt gelesen zu werden. Aber wer unter den französischen Schriftstellern wird nicht nur gelesen und bewundert, sondern auch geliebt, geliebt von Franzosen und Nichtfranzosen? Nur einer. Und dieser eine heißt *Molière*. Wer ihn aufmerksam studiert, wer sein Leben durchforscht, wer gar den Aufführungen Molièrescher Stücke im Théâtre Français zu Paris (den höchsten Triumphen der modernen Schauspielkunst) beigewohnt hat, der muß ihn lieben, diesen einzigen französischen Dichter, der alles in sich schließt, was gallischer Charakter und Geist Edles, Sympathisches, Allgemeinmenschliches besitzen, gemischt mit nur so viel des weniger Guten, wie zur nationalen Echtheit gehört.« Und an anderer Stelle: »Molière hat jederzeit *ein* großes, leuchtendes Ziel vor Augen gehabt: die Wahrhaftigkeit. Hierin ruht das Geheimnis seiner Dauer. Was umgab ihn? Konvention, Regelwesen, feige Rücksichtelei, Knechtssinn nach oben, maßloser Hochmut nach unten, die politische, die religiöse, die gesellschaftliche und vor allem die literarische Lüge. Und inmitten dieser Lügenfülle der eine Mann der Wahrheit! Und dieser eine ein Komödiendichter, ja ein Komödiant. Wer wissen will, wie das französische Volk oder doch das Pariser Bürgertum des 17. Jahrhunderts dachte, der muß sich an Molière halten, in ihm lebt die Seele des *gallischen* 17. Jahrhunderts im Gegensatze zu dem *römischen* Geist, der den Versailler Hof und seine Literatur beherrschte. Die bekannte Anekdote, nach welcher Molière über die Wirkung gewisser komischer Stellen seine Köchin um ihre Meinung befragt habe, ist bezeichnend für das gallisch Volkstümliche seiner Muse.« So Dr. E. Engel, und niemandem wird es schwerfallen, diesen begeisterten Worten in allem wesentlichen zuzustimmen, sich zugleich dabei des Goetheschen Urteils in seinen Gesprächen mit Eckermann erinnernd: »Ich kenne und liebe Molière seit meiner Jugend und habe während meines ganzen Lebens von ihm gelernt. Es ist nicht bloß das vollendete künstlerische Verfahren, was mich an ihm entzückt, sondern vorzüglich auch das liebenswürdige Naturell, das hochgebildete Innere des Dichters. Ich unterlasse nicht, jährlich einige Stücke von ihm zu *lesen*, um mich immer im Verkehr des Vortrefflichen zu erhalten.«

Soll ich den Eindruck wiedergeben, den ich von der gestrigen Aufführung des »Tartuffe«, wie übrigens schon von früheren, empfing, so ist es der, daß in dem vorzitierten Goetheschen Satze das Gewicht auf das »lesen« zu legen sei. Molière liest sich vortrefflich und wird sich immer vortrefflich lesen, weil er nicht nur voll echtem Gefühl und edler Gesinnung, sondern vor allem auch voll jener durchsichtigen Klarheit ist, die, an und für sich schon ein Zauber, diesen Zauber durch Bonsens und gute Laune, durch Witz und Grazie beständig zu verdoppeln weiß. Er ist sentenziös wie Larochefoucauld, erreicht aber größere Wirkungen, weil seine Sentenzen nicht bloß in der Luft herumfliegen, sondern bestimmte persönliche Träger haben und aus ganz bestimmten Situationen heraus erwachsen. Aber so hoch dieser Wert des Sentenziösen und zugleich künstlerisch Tendenziösen veranschlagt werden mag, beide Vorzüge reichen nicht aus, ein Stück für uns wirksam zu machen, zu dessen Menschen und Situationen wir kein volles Vertrauen mehr haben. Kein volles Vertrauen, weil kein volles Verständnis. Jeder, mit verschwindenden Ausnahmen, empfindet so, weshalb es nicht bloß gesagt werden darf, sondern gesagt werden muß. Gewiß gibt es nach wie vor Scheinheilige, gewiß gibt es nach wie vor Ehemänner, die die gleisnerischen Verführer ihrer Frauen zu Tische laden, und gewiß gibt es nach wie vor naseweise Kammermädchen. Aber sie sehen sämtlich anders aus. Ein solcher Tartuffe, wie der uns

im Stücke vorgeführte, wäre heutigentags absolut ungefähr-
lich, weil er sich in jeder Sphäre der Gesellschaft, vielleicht die
der armen adligen Fräulein ausgenommen, vergeblich nach
einem Opfer umsehen würde. Die letzten unter den Leim-
gängern aber würden unzweifelhaft unsere modernen Orgons,
unsere heutigen reichen Privatleute sein. Und so wirkt denn
alles altmodisch, und Personen bewegen sich vor uns hin und
her, die lange tot sind, lange die Ruhe gefunden haben. Orgon
ist das, was wir heute einen Kommerzienrat nennen würden
(auf dem Zettel heißt er ein reicher Privatmann), und nun
frag ich jeden, ob er irgendwas von Verwandtschaft zwischen
diesem »reichen Privatmann« in dem Molièreschen Stück und
einem Kommerzienrat entdecken kann. Wir verstehen das Vertrauen nicht, mit dem Orgon den Tartuffe beehrt, wir verstehen noch weniger, daß er ihn zum Hüter und Wächter
seiner schönen Frau macht, wir können nicht folgen, wenn er
seinem Sohne mit dem Stock nachläuft, und sehen ihn voll
Zweifel und Kopfschütteln unter der Tischdecke verschwinden. Das alles sind Überreste aus der alten italienischen Volks-
komödie. Noch bis diesen Tag sah ich nichts lieber als Harle-
kinaden, aber ich will dann auch Harlekin und Colombine
direkt vor mir haben und meinen Freund Pierrot auf dem
Zettel sehen. Davon sind wir hier aber weit ab. Alle Molièreschen Komödien werden naturalistisch angesehen und recht
eigentlich als Charakterstücke gespielt; sie sind es aber nicht
mehr, wenn sie's auch vordem waren. Es sind jetzt Sittenbilder aus einer anderen Zeit, Sittenbilder, die wir nicht bloß
zu respektieren, sondern um ihrer hohen Kunst willen auch
zu bewundern haben, aber wir stehen ihnen fremd gegenüber. Was man schon bei der Lessingschen »Minna von Barnhelm« störend empfindet: daß sich alles verändert hat und solche
Menschen und Verhältnisse nicht mehr existieren, das empfindet man verdreifacht den Molièreschen Stücken gegenüber.
Die Fehler, Gebrechen und Lächerlichkeiten der Gesellschaft
sind freilich, um es zu wiederholen, dieselben geblieben, aber
sie haben ihr Kleid gewechselt und erscheinen dadurch als an-

dere. Und so sehen wir denn die Geißel gegen ein Etwas ge-
schwungen, das in dieser bestimmten Erscheinungsform gar
nicht mehr vorhanden ist, was so viel bedeutet wie Halbie-
rung unseres Interesses.

[...]

GOTTHOLD EPHRAIM LESSING
Minna von Barnhelm

Aufführung vom 27. August 1870

Der Sonnabendabend brachte uns »Minna von Barnhelm«.
Die Wahl auch *dieses* Stücks, wie die von »Tell« und »Col-
berg«, geschah aus der Zeitstimmung heraus, die zu beachten
eine schöne und dankbare Pflicht der Bühne ist. Vielleicht
empföhle es sich, wenn dieser Stimmung, wie wünschenswert, auch ferner Ausdruck gegeben werden soll, über den eng-
sten Kreis der patriotischen Stücke hinauszugehen. Diese bieten
sich freilich als ein Zunächstliegendes dar, aber die zünden-
den, unserer augenblicklichen Situation entsprechenden Worte
finden sich oft auch *da* eingestreut, wo wir's am wenigsten erwarten, und wirken jedesmal um so mächtiger, je überraschen-
der und ungesuchter sie über den Hörer hereinbrechen. Solche Stücke zu finden kann nicht schwer sein. Wir nennen,
ohne besserem Urteil vorgreifen zu wollen, nur »Richard III«.
Wie müßte jetzt die Traum- und Geisterszene vor der Schlacht
bei Bosworth wirken!

»Minna von Barnhelm«, ein Stück, das wir uns gewöhnt
haben, als ein spezifisch preußisches anzusehen und das in dem
Gegensatze zwischen einem Tellheim und einem Riccaut allerdings allerhand zeitgemäße Betrachtungen an die Hand
gibt, wirkte doch, nach *dieser* Seite hin, wenig oder gar nicht.
Es war keine einzige Szene, die, über ihre sonstige Wirkung
hinaus, durch Tagesstichworte die Herzen getroffen hätte.
Gleich im ersten Akte die Versicherung Paul Werners: »Ich
begreif es wohl, daß ein Feldzug wider die Türken nicht halb

so lustig sein kann als einer wider die Franzosen«, ging unbemerkt vorüber, und die schönen Worte Tellheims: »Man muß Soldat sein für sein *Land* oder aus Liebe zu der Sache, für die gefochten wird, sonst ist man ein reisender Metzger und nicht mehr«, teilten dasselbe Schicksal. Selbst das berühmte: »Corriger la fortune – das nenn die Deutsch betrügen? O, was ist die deutsch Sprak für ein arm Sprak, für ein plump Sprak«, wirkte ersichtlich bloß als charakteristischer Ausdruck für den Spielerbettler, der vor uns stand. Jede weitergehende Betrachtung war ausgeschlossen. Wir rechnen das dem Publikum, wie den ausübenden Künstlern, zum Guten an. Man kann von den letztern füglich behaupten, daß sie, in erregter Zeit wie die gegenwärtige, es an mehr als einer Stelle in der Hand haben, den Beifall zu *erzwingen*, und es zeugt von künstlerischem Takt, sich dieses Vorrechts, dieser Machtstellung zu begeben.

Dies führt uns auf die Darstellung. Sie zeichnete sich vor allem durch ihr Ensemble aus. Nichts Verfehltes störte die Wirkung, und dankbar folgte das Publikum bis zuletzt. Dies will etwas sagen. Vielfach ist behauptet worden, daß dies deutsche Musterlustspiel doch eigentlich antiquiert und, mit seiner auf die Spitze getriebenen Delikatesse im Geld- und Ehrenpunkt, mehr oder weniger befremdlich für uns sei. Dies ist gewiß richtig. Alles, was in hervorragendem Maße ein *Zeitbild* ist, ist auch immer in Gefahr, mit ebenderselben Zeit, der es in eminenter Weise Ausdruck gab, vom Schauplatz abtreten zu müssen, und keine Klassizität der Sprache, keine Wahrheit der Charaktere, kein Glanz der Farbengebung sind imstande, darüber ganz hinwegzuhelfen. Das ausgesprochen *Kulturbildliche*, das dem Gedanken- und Herzensinhalt eines Stückes ein bestimmtes Kleid leiht, steigert die Wirkung *momentan*, aber beschränkt sie in ihrer *Dauer*. Ist die Zeit vorüber, so sieht uns nicht mehr bloß das Kleid fremd an, sondern auch die Welt, die sich dahinter birgt. Dies ist mit »Minna von Barnhelm« zu erheblichem Grade der Fall, und nur eine gewisse Vollendung der Darstellung, die uns das Ganze dann wie eine Reihe lebender Bilder, die nach Pesne, Watteau und Chodowiecki gestellt wurden, erscheinen läßt, kann uns das Fremdartige vergessen machen.

Eine solche Darstellung hatten wir am Sonnabend. Gute Traditionen mögen dabei die Aufgabe jedes einzelnen erleichtern. Die von feinem Humor leis berührte Herzensgüte Minnas, die kokette Schelmerei Franziskas fanden in dem Spiel der Frau *Erhartt* und des Fräulein *Taglioni* einen gelungensten Ausdruck; der Wirt des Herrn *Hiltl*, namentlich in der Szene, wo er mit dem Fremdenbuch auf dem Zimmer der Damen erscheint, war vorzüglich. Die hervorragendste Leistung des Abends indes war wieder der Riccaut des Herrn *Friedmann*. Das Publikum (das übrigens sein Spiel mit Beifall begleitete) scheint doch nicht wohl zu wissen, was es an ihm hat. Hier ist ein Etwas, das für unser Gefühl *sofort* die superiore Begabung bekundet. Begabung, unterstützt durch Ernst und Fleiß. Man ist sicher, weil es der Künstler selber ist. Mancher Ehrenmann ängstigt uns schon, wenn er mit zwei Bällen spielt; *hier* folgen wir lächelnd und sorglos einem blitzenden Sieben-Klingenspiel. Wir wissen, daß die Messer fliegen, wie sie sollen. Wir wissen es vom ersten Augenblick an, wo Riccaut eintritt. Seine Erscheinung, seine Verbeugung beruhigen uns, wie alles Fertige. Alles ist geprüft, gewogen; kein bequemes sich dem Genius und dem Souffleurkasten Überlassen. Ob das Wegreißen der Geldrolle aus der Hand der schönen Geberin nicht etwas zu hastig geschah, lassen wir dahingestellt sein. Die Intention ist uns klar und wir billigen sie; Riccaut ist wie ein Verdursteter, der sich auf die Quelle stürzt; es ist aber andrerseits ein gewisses Maß von Kontrolle, eine *äußere* Ruhe, während es innen kocht, das Charakteristische des Spielers, und es entstünde die Frage, ob dieser Riccaut bereits so weit unter sich selber steht, daß auch dies Spielerkriterium nicht mehr für ihn paßt.

Die ganze Sache ist irrelevant, dabei streitig, wie wir zugeben. Wir machen die Bemerkung nur, um zu zeigen, mit welchem Interesse wir dem Spiele gefolgt sind.

GOTTHOLD EPHRAIM LESSING
Emilia Galotti

Aufführung vom 2. März 1871
mit Richard Kahle vom Stadttheater in Leipzig als Gast

Das Haus, in allen seinen Rängen, war gefüllt; Herrn Kahles
Name hat schnell einen so guten Klang gewonnen, daß er
selbst eine Opernhauskonkurrenz (und welche! Frau Lucca
als Selica) ertragen konnte.

Er gab den *Marinelli*. In *seiner* Art ausgezeichnet, mit nicht
leicht zu übertreffender Kunst, aus einem Guß. Aber ist diese
Art richtig? Wir glauben, nein. Den Satz, den wir schon bei
Gelegenheit seiner Lear-Darstellung aufstellten, daß eben viele
Wege nach Rom führen und daß man auch auf künstlerischem Gebiet selten von einem einzig und allein Richtigen
und Zulässigen sprechen kann, *diesen* Satz halten wir auch
heute noch aufrecht; dennoch bleibt daneben bestehen, daß
ein Weg besser ist als der andre, daß dem einen größere Berechtigung und größere Chancen zur Seite stehen als dem andern. So viele Marinellis wir gesehen haben (der Seydelmann-
sche ist uns noch am deutlichsten in der Erinnerung) – alle
bauten sie sich auf dem Schlußsatz des Stückes auf: »Ist es
nicht genug, daß Fürsten Menschen sind; müssen sich auch
noch *Teufel* in ihren Freund verstellen.« Im Gegensatz dazu
gibt Herr Kahle den Marinelli *entteufelt*.

Herrn Kahles Marinelli ist ein kleiner, feiner, verschlagener
Hofmann, der die Menschen für unglaublich dumm und für
unglaublich schlecht hält. Töchtertugend ist eine Redensart,
im günstigsten Falle »eine Frage der Zeit«. Und nun gar die
Mütter! »Wenn ich die Mütter recht kenne«, sagt er mit unendlich feiner Ironie. Beiläufig eine der glänzendsten Stellen
seines Spiels. Mitunter kommen odoardohafte Väter vor (aber
selten), und *wenn* sie vorkommen, sind sie immer ridikül. Das
beste des Lebens ist ein Kammerherrnschlüssel, ein *ganz* junger Kuß, ein jeu; unter allen Spielen aber steht das Spiel mit

Menschen wieder obenan. Reite sie, sporne sie, foppe sie, vor allem malträtiere sie; aber immer ruhig; Aufgeregtsein ist fast so lächerlich wie Odoardo-sein; es verlohnt sich nicht, denn das Souveränste der Weltgeschichte ist doch schließlich die Langeweile.

Etwa aus dieser Grundstimmung heraus ist der Marinelli des Herrn Kahle konstruiert. Vieles davon deckt sich mit dem wirklichen Lessingschen Marinelli; aber es fehlt noch etwas, es fehlt das, was uns, so paradox es klingen mag, mit dieser Gestalt wieder versöhnt, es fehlt der *Teufel*. Das Entteufeln des Marinelli ist nicht ein Fortschritt, sondern ein Rückschritt; was an einem Menschen degoutant ist, kann an einem Teufel relativ angenehm und kleidsam sein. Dafür ist er Teufel. Das bloße Hineinpfuschen ins Teuflische aber, ohne es zu was Reellem zu bringen, ohne ebenbürtig eingereiht zu werden in die große Gesellschaft der Verneiner, das bloße menschlich-mesquine »Abgebrühtsein« anstelle des höllischen Feuers, das erlabt nicht, davor steht man nicht in poetischem Schauder, das ist *kein* Marinelli. Wenigstens kein eigentlicher. Diesen »eigentlichen« hätte Herr Kahle sehr wohl geben *können*, wenn er *gewollt* hätte; wer den Lear spielen kann, wie *er* ihn spielt, der kann auch den landläufigen dämonischen Marinelli spielen. Aber eben, weil er landläufig ist, hat er ihn nicht spielen *wollen*. Das ist der Fehler einer neuen Schule. Anstatt das Alte lediglich nach dem Maß einer neu herantretenden Individualität zu modifizieren, wird etwas absolut Neues und Abweichendes an die Stelle gesetzt. Für Kräfte, die sich fühlen, wird hierin, wie im Widerspruch überhaupt, immer ein Reiz und eine Versuchung liegen; aber der gesund organisierten Kraft wird es auch immer kleiden, dieser Versuchung zu widerstehen.

Auch noch ein Wort über die Mitspielenden, und um so lieber, als wir uns, weit über Erwarten hinaus, befriedigt fanden. Dies gilt zunächst und zumeist von Fräulein *Buskas* Emilia Wir glaubten nicht, daß sie diese Töne überhaupt hätte. Mit aufrichtigem Vergnügen sprechen wir es aus, daß hier, über die natürliche Anlage fürs Naive hinaus, danach vielleicht noch etwas mehr aus der Tiefe Schöpfendes werden kann. Frau *Breitbach* (Claudia), in ihrer großen Szene mit Marinelli, gut. Ebenso Herr *Liedtcke* (Prinz). Herr *Wünzer* (Odoardo) vortrefflich; Herr *Berndal* (Appiani) desgleichen. Daß, seiner Erscheinung nach, die Grafen Appiani notwendig *deutschen* Ursprungs sein müßten, schadet nichts.

Bliebe uns noch die Gräfin Orsina der Frau *Erhartt.* Ihr Spiel wurde mehrfach von lebhaftem Beifall begleitet, und wir selber haben uns redlich dabei beteiligt. Dennoch ist sie nicht eigentlich eine Gräfin Orsina. Man kann es nicht mit einem Worte sagen, sie ist dazu zu *blond,* nicht bloß von Haar und Teint, auch von Natur und Charakter. Es fehlt auch hier das Dämonische, nicht weil es fehlen *soll,* sondern weil es einfach wirklich – fehlt. Irrten wir aber hierin (denn es ist immer hart, Damen den Dämon abzusprechen), so ist doch auch *dieser* jedenfalls blond. Es klang uns immer wie Reminiszenzen aus Gretchen oder Klärchen; ein anderer Text, aber dieselben *Töne.* Das Südliche, das Tiefmelancholische fehlte. Einer echten Orsina gegenüber empfindet man: ihr Leib verzehrt sich oder ihr Geist; *dieser* Orsina gegenüber scheidet man mit der Hoffnung: sie erholt sich wieder.

In Herrn *Kahles* Spiel (und damit schließen wir) war vielleicht der vollendetste Moment der letzte, wo er, in Ungnade entlassen, *stumm* aus der Gegenwart des Prinzen scheidet. Wer so *abgehen* kann, der muß *bleiben.*

GOTTHOLD EPHRAIM LESSING
Nathan der Weise
Aufführung vom 14. Februar 1880

Das, soviel ich weiß, seit dem Tode Theodor Dörings nicht aufgeführte Stück erschien am Sonnabend zum ersten Male wieder auf der Bühne. Das Haus war gut besetzt und folgte

vier Stunden lang (es ist eines der längsten Stücke) mit ersicht-
lichem Interesse. Mit mehr Interesse als Beifall. Die dritte Ga-
lerie lärmte zwar mit den Händen, aber das war nicht Beifall,
sondern Störung. Im Parkett herrschte vorwiegend Schweigen, ein Schweigen, in dem sich, bewußt oder unbewußt,
eine Verwunderung aussprechen mochte. Seit hundert Jahren
lebt nun dies Evangelium der Toleranz, seit hundert Jahren
wird es gelesen, dargestellt, zitiert; jede Figur ist populär, jede
Sentenz ein geflügeltes Wort geworden – und was ist das Resultat? Doch nur die Wahrnehmung, daß das geistige Leben
in einer Wellenbewegung geht und daß das, was gestern oben
war, heut oder morgen unten ist. Und wieder umgekehrt.
Was mir dabei persönlich als oben oder unten erscheint, in
diese heikle Frage wünsch ich nicht einzutreten. Ich zieh es
vielmehr vor, über die Neubesetzung des Stückes zu sprechen.

Seit 1872, wo ich dasselbe zum letzten Male sah, hat sich
alles verändert; nur die Rolle der Daja blieb in Händen der
Frau *Frieb* und wurde von ihr in alter Meisterschaft gegeben.

Anstelle Dörings gab Herr *Berndal* den Nathan. Es war im
wesentlichen, was ich erwartete. Der geistige Inhalt, weil verstanden, kam zu seinem Recht. Und was ich höher stelle, die
tiefe Gemütsseite Nathans, fand in des Künstlers Spiel einen
schönen und rührenden Ausdruck. So gelang ihm ganz besonders die Szene mit dem Tempelherrn im zweiten Akt. »Es
ist doch sonderbar, daß so ein böser Fleck, daß so ein Brand-
mal dem Mann ein beßres Zeugnis redet als sein Mund.« Das
war vorzüglich. Ebenso das bald folgende: »Von Stauffen?
– Stauffen? – Stauffen?« Das Sinnende, das Suchen in den
Blättern der Vergangenheit war hier ausgezeichnet und von
großer Wirkung. Aber zweierlei fehlte seinem Nathan: der
Jude und der Humor. Und das war gerade das, wodurch Dörings Nathan so bedeutend wurde. Wir müssen inzwischen
den Berndalschen nehmen, wie er ist, und uns seiner mannig-
fachen Vorzüge freuen. Sehr gelungen erschien mir im vierten
Akt die Szene mit der Daja, wo er durch das scharf prüfende

»Und nicht der Patriarch« erfahren will, ob sie geplaudert hat. Von verhältnismäßig geringer Wirkung war der Vortrag der Parabel von den drei Ringen. Es dauerte mir viel zu lang. Ob es am Tempo lag oder dem Vortrage das Pointierte fehlte oder ob meine persönliche Stellung zu der Weisheit der »drei Ringe« mich ungeduldig machte, ich weiß es nicht. Nur das weiß ich, daß ich ungeduldig wurde.

[...]

JOHANN WOLFGANG GOETHE

Götz von Berlichingen

Aufführung vom 20. April 1884

Ein halbverborgenes Gastspiel fand am Sonntagabend statt: Herr *Franz* gab den Franz. Trotz dieser Namensverwandtschaft deckten sich Spiel und Rolle nur unvollkommen, wobei das Zutagetreten einer gewissen Sicherheit und Bühnengewandtheit den Eindruck des Unvollkommenen nur noch steigerte. Man fragte sich beständig: »Woher nur?« Weniger wäre mehr gewesen. Selbst das gute Äußere des Gastes (nur die Stimme hat einen sonderbaren Nebenton) tat ihm mehr Abbruch, als es ihn unterstützte. Denn dies gute Äußere war von einer merkwürdigen Modernität und verwandelte den Weislingenschen Knappen in einen jener in Vorbereitung begriffenen Fähnriche, die man »Pressiers« zu nennen pflegt. Der hübsche Kopf kam eben aus der Coiffeurbehandlung mit Honey-water, was mehr oder weniger stört. Die Rolle bedarf durchaus der Festhaltung eines bestimmten Zeitkolorits; setzt man sie aber aus der Luther-Zeit in die Bismarck-Zeit, so wird eine Wirkung geboren, die der Teilnahme mit Franz und seiner Liebesraserei nicht günstig ist. Einige Stellen gelangen, so beispielsweise: »Marie ist liebreich und schön, und einem Gefangenen und Kranken kann ich nicht übelnehmen, wenn er sich in sie verliebt; aber um *dich*, Adelheid, ist Leben, Feuer, Mut.« Dagegen mißlang ganz und gar der Vortrag der Reimzeilen:

»Beim alten Herrn von Wanzenau« usw. Die Rolle gut zu
geben, ist sicherlich sehr schwer; aber ein gewisses Naturbur-
schentum, mit dem Herzen auf dem rechten Fleck, wird ihr
immer noch eher gerecht werden als Gekünsteltheit oder der
Drill einer Theaterschule. Das An- und Auswendiggelernte
macht hier alles tot.

Das Stück selbst bewährte seinen alten Zauber. Welche
Macht der Sprache, weil echt, schlicht und wahr überall. Und
zugleich welch Gefühl der Beschämung, wenn man dabei der
Plattitüden, der Pointiertheiten und vor allem des Bombastes
gedenkt, welch letzterer in der Mehrzahl unserer heutigen
Stücke das große Wort führt. Die beiden letzten Szenen des
ersten Akts, erst zwischen Elisabeth und Marie, dann zwischen
Götz und Weislingen, welche Welt von Schönheit, welch
Zeitgepräge, welch historischer Stil!

Daß die große Dichtung durch die Darstellung noch größer
geworden wäre, läßt sich nicht behaupten. Herr *Berndal*, in
den Derbheits- und Treuherzigkeitsmomenten ein vorzügli-
cher Götz, ist es in den gefühlvollen Momenten *nicht*. Einen
vollkommen reinen Eindruck empfing ich nur von der Marie
des Fräulein *Meyer*, sie war die einzige Gestalt, an die sich
glauben ließ, ein schönheitsvolles Bild aus der schönen Zeit
der Renaissance. Sonst wäre nur allenfalls noch der Wanzenau des Herrn *Oberländer* zu nennen. Alles andere deckte
notdürftig das Bedürfnis oder blieb weit dahinter zurück.

J OHANN W OLFGANG G OETHE

Egmont

Aufführung vom 14. September 1870

Am Mittwoch »Egmont« vor einem vollbesetzten Hause. Die
Aufführung gab uns wieder Veranlassung zu Parallelen mit
früherer Zeit, auch zu der Wahrnehmung, mit wie verschiedenen Augen die verschiedenen Lebensabschnitte die Dinge

ansehen. Diese Egmont-Gestalt, das Entzücken unserer Jugend, ist uns heute einfach ein Greuel, eine historische Sünde. Wer fünfzig Jahre alt ist, Geschichte gelesen und in sich aufgenommen hat, kann dem »Heros deutscher Nation« dieses Attentat gegen eins der schönsten Kapitel der Geschichte der Menschheit nicht verzeihen. Man muß ein alter Geheimrat oder Gymnasialprofessor aus den Studienjahren zwanzig bis dreißig sein, um dies in Abrede zu stellen. Pietätvoll darüber hingehen, mag Pflicht sein; den Verstoß aber feiern, in ihm ein Recht des Genius sehn zu wollen, heißt ohne Recht und ohne Genius an dem Verstoße teilnehmen. Die Zahl derer, die den Mut dazu haben, wird auch glücklicherweise immer kleiner. Die wachsende historische Kenntnis und mit ihr der wachsende historische Sinn müssen notwendig intervenieren; die großen erschütternden Bilder der belgischen Malerschule: die »enthaupteten Grafen«, über deren Leiber sich das schwarze Sammettuch mit dem Kruzifixe breitet, die »Gräfin Egmont«, die verweinten Auges am Altare kniet – sie werden den *historischen* »Sieger von Gravelingen« mehr und mehr wieder herstellen, und der etwas paradox klingende Satz mag gestattet sein: *in der Egmont-Frage wird Gallait stärker sein als Goethe*. – Der Goethesche Egmont, als Einzelfigur, ist nur hinzunehmen, wenn er meisterhaft gespielt wird; aber nichts ist seltener auf der Bühne als *diese* Gestalt in künstlerischer Vollendung. Liebhaber, Fürst, Held. Wer hat das alles?! Er muß sogar einen langen Hals haben.

[…]

JOHANN WOLFGANG GOETHE
Iphigenie auf Tauris

Aufführung vom 10. Januar 1872

Dem vorletzten Auftreten der Frau *Jachmann* als Antigone folgte am Mittwoch das *letzte* als Iphigenie. An diesen Namen, diese Gestalt knüpfen sich *zwiefach* die schönsten Erinnerungen der

scheidenden Künstlerin, und so war es denn geboten fast, in
einer Rolle Abschied zu nehmen, in der sie, in allem, was Erscheinung angeht, noch auf lange hin ein Vorbild bleiben und
in dankbarem Gedächtnis aller derer fortleben wird, die das
Glück hatten, die hohe Gestalt an den Stufen des Diana-Tem-
pels, *ihres* Tempels, stehen zu sehen. Wie jetzt noch Enthusiasten unter uns wandeln, die nur gehobenen Herzens und mit
Feierlichkeit von den »Tagen der Bethmann oder der Crelinger« sprechen, so wird es nach dreißig Jahren eine andre
alte Garde geben, die apodiktisch erklärt: »Nichts, nichts: *nach
der Jachmann keine Iphigenie mehr!*«

Einer Vorstellung wie der vom Mittwochabend gegenüber
gibt es keine Kritik; auch die rigoroseste Mutter wird in dem
Momente, wo sie von ihrer aus dem Hause scheidenden Tochter Abschied nimmt, nicht ein tränenersticktes »Sitz grade«
sprechen; in solchem Augenblicke wird auch das leiseste Bedenken, die taktvollste Frage zur Taktlosigkeit. Vielleicht ist
schon diese bloße Reflexion ein Verstoß. Nur so viel: Der
erste und der fünfte Akt, die Monologe und das Zusammenspiel mit Arkas und Thoas kamen zu *besonderer* Geltung, im
dritten Akt ergriff uns das einfache: »Orest, ich bin's! Sieh
Iphigenien! Ich lebe«, und im vierten Akt die schnelle, gedan-
kenreiche Wechselrede mit Pylades. Es lag in der *Situation*,
daß die letzten Strophen des Stückes, deutungsreich, eine besondere Macht auf die Herzen aller Anwesenden ausüben muß-
ten:

> Wert und teuer,
> Wie mir mein Vater war, so bist *du mir*,
> Und dieser Eindruck *bleibt* in meiner Seele.
> O geben dir die Götter deiner Taten
> Und deiner Milde wohlverdienten Lohn.

Soweit gilt es dem *Könige Thoas*.

Dann aber schienen die Worte sich an uns, an das *Haus*, an
die Stätte so vieler Triumphe zu richten:

Leb wohl! o gib
Ein holdes Wort des Abschieds mir zurück –
Und Tränen fließen lindernder vom Auge
Der Scheidenden. Leb wohl! und reiche mir
Zum Pfand der alten Freundschaft deine Rechte.

Und siehe da, ein nicht endenwollender Beifall des Hauses
antwortete diesem Appell, und Blumen und Lorbeer flogen
der Scheidenden zu als »Pfand der alten Freundschaft«.

Aufführung vom 9. Mai 1874

Vor einem Publikum, in dem das Freibillett und die Dankbarkeit vorherrschten, ging am Sonnabend die Goethesche »Iphigenie« neu in Szene. Vierzehnmal, wenn wir richtig gezählt,
wurde Frau *Erhartt* gerufen, ein Triumph, an dem *nicht* mit-
wirken zu können wir das Verdienst und – die Verlegenheit
hatten. Denn, wie es verlegen macht, in katholischen Kirchen,
wenn alles niederkniet, aufrecht stehen zu bleiben, so macht
es auch verlegen, inmitten von Enthusiasten in Nüchternheit
zu verharren.

Das Publikum nahm die Iphigenie der Frau Erhartt mit begeisterter Hingebung auf. Es fällt uns nicht schwer, dies be-
greiflich zu finden. Eine durch Anmut der Erscheinung ausgezeichnete, in den verschiedensten Rollenfächern glänzend
bewährte Künstlerin schreitet zum ersten Male als Iphigenie
die Tempelstufen hinab; der Gürtel und die Doppelspangen
leuchten, und um den Reifen im Haar legt sich ein grüner
Zweig. Nun spricht sie. Der feine Gemmenkopf belebt sich
mehr und mehr, die Arme steigen auf und nieder, die Wim-
pern tun ein Gleiches, und melodisch treffen wohlbekannte
Worte unser Ohr. Wer sollte sich dieses Bildes nicht freuen,
sich nicht lächelnd schaukeln auf dieser Wohllautswoge! Das
Publikum hat ein volles Recht, es zu tun, und auch wir, wenn
wir an jene Wintermonate des Jahres 1872 zurückdenken, wo,

nach dem Ausscheiden der Frau Jachmann, ein Gastspiel nach dem andern vergeblich beflissen war, die entstandene Lücke auszufüllen, auch wir können uns, wenn wir an dem Kleinen und Unausreichenden messen wollen, sehr wohl entschließen, diese Iphigenie der Frau Erhartt als etwas vergleichungsweise Gutes hinzunehmen.

Aber Frau Erhartt *will* nicht an Kleinen und Unausreichenden gemessen sein; innerhalb jener Rollenfächer, auf welche ihre Natur sie verweist, eine Künstlerin von Bedeutung, verlangt sie und *darf* es verlangen, sich neben die Besten gestellt, mit den Besten verglichen zu sehn; von dem Augenblick an aber, wo die Kritik ihr gegenüber eine *dieser* Forderung entsprechende Stellung einnimmt, wird ihre Iphigenie notwendig zu leicht gefunden und geht wie eine Feder in die Luft. Es ist eine schöne Frau, »das Land der Griechen mit der Seele suchend«. Aber sie findet es nicht. Sie findet es nicht, weil sie nicht dort herstammt; sie ist verständnislos für die Rolle, die sie spielen soll, und Iphigenie, die ihren Goethe kennt, ruft ihr zu: »Du gleichst dem Geist, den du begreifst, nicht mir.« Der Geist aber, den Frau Erhartt begreift, ist ein ganz anderer. Sie begreift das Klärchen im »Egmont«, die Lady Milford und die Marquise von Pompadour, sogar die Königin Margarethe in Shakespeares »Heinrich VI.«, aber – die Iphigenie begreift sie *nicht*. [...]

Der Iphigenien-Abend, wenn wir den Gesamteindruck, den er auf uns ausübte, wiedergeben sollen, war öd und traurig.

[...]

Ein solcher Iphigenien-Abend soll eine Art »Kultus« sein, und ein eben Heimgegangener, dessen berühmten Namen ich nicht erst zu nennen brauche, hat ernsthaft vorgeschlagen, auf »Nathan«, »Faust« und »Iphigenie« hin den modernen Menschen sittlich aufzubauen, ihn ethisch und ästhetisch zu erziehen. Meinetwegen. Aber *wenn* es geschehen soll, so muß der Apparat, der uns diese Dinge vorführt, ein anderer werden. *So* geht es nicht. Das am Sonnabend Erlebte steht erheblich unter einer Nachmittagspredigt; auch nach der Seite des *Unterhalt-lichen* hin. Ich habe die Angewohnheit, dann und wann, um 6 Uhr abends, in eine der alten gotischen Kirchen unserer Stadt zu gehen; der Name tut nichts zur Sache. Die versammelte Gemeinde besteht gemeinhin aus zehn Spittelfrauen und zwanzig Waisenmädchen, hinter deren blauschürziger Front sechs, sieben Verschlagene sitzen, die wohl auch aus Liebhaberei kommen, wie ich. Einmal habe ich, hinter einem Pfeiler versteckt, einen weinen sehen, was mich mehr erschütterte als drei Akte Trauerspiel. Erst wird, wie üblich, gesungen, wenn man es singen nennen kann; dann tritt ein Kandidat auf und spricht, was er vorher auswendig gelernt hat. Die Gaslichter brennen nur in engem Kreis um die Kanzel her, alles andre liegt im Halbdunkel; die grünen Vorhänge vor den hohen gotischen Fenstern bewegen sich leise im Zugwind, und die Pfeiler wachsen immer höher und höher und verlieren sich, nach oben zu, wie in grauem Gewölk. Derweilen fließt das Wort ruhig weiter; die Frauen schlafen, die Kinder kichern; mitunter kommt ein Bibelspruch oder ein Zitat aus Luther und fällt weckend in mein Herz. Das sind Nachmittagspredigten. Wie weit, weit ab davon war der Iphigenien-Kultus am letzten Sonnabend.

JOHANN WOLFGANG GOETHE
Torquato Tasso
Aufführung vom 29. Oktober 1873

Am Mittwoch: »Tasso«. Immerhin ein Ereignis, wie das wohlbesetzte Haus sichtbarlich bekundete. Wir selbst folgten mit kalter Bewunderung, von der im letzten Akte schwer zu sagen war, ob die Bewunderung oder die Kälte vorherrschte, jenem Schönsten, das die deutsche Literatur aufzuweisen hat und das uns, mit aller seiner Schönheit, doch nur wie eine Illustration des Talleyrandschen Wortes berührte: »Es gibt drei

Arten Menschen: Schwarze, Weiße und – Prinzen.« Hier muß es natürlich heißen: Prinzessinnen, woran sich dann unmittelbar eine Annexrubrik anreiht, in der noch die *Dichter* figurieren. Ach, wie gleichgültig zieht dieser verklärte Weimaraner Hof an unserm pflichtschuldiger Pietät *nicht* entkleideten, aber freilich modernen Sinn vorüber! Anderes, Größeres bewegt die Welt, und von den Ausnahmemenschen wendet sich das Interesse wieder dem *Menschen* selber zu. Wie dissolving views schwinden die Gestalten einer Epoche, die eben nur *dieser* angehörten. Wir sahen neulich den »Ödipos auf Kolonos« und verließen tief erschüttert das Haus; ein Gewaltiges und ein Ewiges hatte zu uns gesprochen. Rätselvoll werden ewig die Geschicke schreiten, Schuld aufhäufen auch ohne unsre Schuld und uns niederwerfend ohne Antwort auf unsre Frage: Warum? Aber Hof- und Salongeschichten haben ihre Zeit, und zu dem Gleichgültigsten von der Welt gehören Dichterreizbarkeiten. Gemessen an den Taten und Gestalten unserer Tage, die wir zu leben gewürdigt sind, wie klein daneben die esoterischen Vorgänge und Verhältnisse, die uns die Dichtung selbst in den Worten der jüngeren Leonore so vorzüglich schildert:

> Uns liebt er nicht, …
> Aus allen Sphären trägt er, was er liebt,
> Auf einen Namen nieder, den wir führen,
> Und *sein* Gefühl teilt er *uns* mit; wir scheinen
> Den Mann zu lieben, und wir lieben nur
> Mit ihm das Höchste, was wir lieben können.

Schön und vornehm, aber nichts weiter; wer wirklich lebt, will *reales* Leben sehn.

Ein reales Leben in *unsrem* Sinne spiegelt dieser Hof der Leonoren *nicht*; aber dennoch existierte dieses Leben einmal, wahr und wirklich, sei es zu Ferrara oder sei es zu Weimar, und *weil* es existierte, *weil* diese Ausnahmemenschen Fleisch und Blut hatten wie wir und nicht bloß Schatten und Begriffe waren, so bilden sie auch ein Darzustellendes, an dem sich die Kunst, und zwar die dem Realen abgewandte, am erfolgreichsten immer wieder versuchen mag.

[...]

FRIEDRICH SCHILLER

Kabale und Liebe

Aufführung vom 21. Februar 1884

[...]

Das Stück bewährte seinen alten Zauber wieder, denn mit all seinen Unglaublichkeiten ist es so furchtbar wahr bis diesen Tag. Wenn man in *Moritz Buschs* letztem Buche liest, was der Reichskanzler über die Gesandtschaftsgalopins und ihre den letzten Schnupfen von Serenissimus zum Gegenstand habenden Eildepeschen sagt, so wird es einem zu tröstlicher Gewißheit, daß die von Kalbs und von Bocks unsterblich sind und sich jedenfalls bis in unsere Tage hinübergerettet haben. Alles wie vordem; nur die Millers sind eingegangen.

[...]

FRIEDRICH SCHILLER

Maria Stuart

Aufführung vom 13. Februar 1881
mit Johanna Schwartz vom Großherzoglichen Hoftheater
in Karlsruhe als Gast

Wenn mich nicht alles täuscht, so wird, vom letzten Sonntag ab, eine neue Theaterära datieren und »nach endlos langem verderblichen Streit, die erhartlose, die schreckliche Zeit« endlich ihr Ende erreicht haben. Oder auch der Moment ist da, wo sich die meuternde Schiffsmannschaft dem Kolumbus zu Füßen wirft und vom Bug her das Wort erklingt: »Land, Land!«

Die Maria Stuart ist bekanntlich auf sehr verschiedene Weise zu spielen, mit Abweichungen, die sich bis zu Gegensätzen steigern können. Den äußersten rechten Flügel bezeichnet das Spiel der Ristori; sie gibt ihre Stuarda nicht bloß als »schöne Frau mit Vergangenheit«, sondern auch durchaus auf Dämonismus und Glaubensmartyrium hin. In jeder ihrer Mienen ist ausgedrückt, daß Mortimer, ohne Furcht vor Widerspruch, ihr zurufen durfte: »Du hast den Sänger Rizzio beglückt«; und lange bevor sie sich in ihrer Beichte zu dem Gattenmorde bekennt, ist es nicht zweifelhaft, daß sie den armen Darnley wirklich auf die Pulvertonne setzte. Sie spielt die Maria ganz auf die Heroine hin, mehr oder weniger im Medeen-Stil. Entgegengesetzt ist das Spiel des Fräulein *Schwartz*; es gehört dem andern Flügel an und betont mehr die Schwäche des Weibes als seine Stärke. Das Unglück hat sie gebeugt, weich und ängstlich fast ist ihr Auftreten, und nur da, wo sie schwerer Unbill und gewollter Beleidigung begegnet, erwacht ihr Selbstgefühl und züngelt auf. Aber es ist das helle Feuer eines sanguinischen Temperaments und nicht die rauchumhüllte Glut, in der das Unheilvollste noch erst steckt und brütet.

In dieser Auffassung an und für sich, die deutsch-traditionell ist, liegt nun freilich nicht der Wert dessen, was uns Fräulein Schwartz gestern gab – er liegt darin, *wie* sie's gab. Sie hat einen seelischen Ton, der allem, auch dem Anfechtbaren und nur halb Geglückten, ein bestimmtes Maß von Schönheit leiht und der, weil er von Herzen kommt, auch zu Herzen geht. Ihr Spiel war nicht bedeutend, aber überall wirkungsvoll, weil es etwas Innerliches hat. Und *das* ist es, worauf es ankommt. Alles andere findet sich. Es haftet ihrem Spiele noch etwas dem an, was ich das Klein- oder Mittelresidenzliche nennen möchte; das ist aber wie ein Kleid, das sich wechseln läßt. Es bedarf dazu nicht mal eines eigenen Willens. Eines Morgens steht man auf und findet sich verändert oder andere finden's. Über Nacht wurden die Kleider vertauscht, ohne daß man davon wußte. Solche Fortschritte machen sich von selbst und sind unausbleiblich, wenn man die Hauptsache mitbringt. Und an dieser Hauptsache gebricht es nicht.

[…]

Friedrich Schiller
Wilhelm Tell

Festvorstellung vom 17. August 1870,
eingeleitet von Gasparo Spontinis »Borussia«

Es ist herkömmlich geworden, in großen nationalen Momenten unseren nationalen Dichter zum Volke sprechen zu lassen. Ein Glück, daß wir ihn besitzen, daß seine vor allem spruch- und gedankenreichen Schöpfungen uns für alles, was kommen mag, bereits einen geprägten, längst Allgemeingut gewordenen Ausdruck überliefert haben, der, zu rechter Stunde seine ursprüngliche Frische zurückgewinnend, neuzündend in alle Herzen schlägt.

Einer Situation wie der gegenwärtigen entspricht nichts besser als der »Tell«. Er enthält kaum eine Seite, gewiß keine Szene, die nicht völlig zwanglos auf die Gegenwart, auf unser Recht und unseren Kampf gedeutet werden könnte, und wir müssen uns des guten Taktes des Publikums freuen, das nicht stichwortbegierig mit seinem Beifall im Anschlage lag, sondern ihm nur Ausdruck gab, wo Schweigen ein Fehler der Affektation gewesen wäre.

Die Rütli-Szene (2. Akt) weckte die erste laute Zustimmung:

> Zum letzten Mittel, wenn kein andres mehr
> Verfangen will, ist uns das Schwert gegeben,
> Der Güter höchstes dürfen wir verteidigen
> Gegen Gewalt; wir stehn für unser Land,
> Wir stehn für unsre Weiber, unsre Kinder,

ein Beifall, der sich zum Schluß der Szene (»Wir wollen sein ein einig Volk von Brüdern«) noch lebhaft steigerte. Der dritte und vierte Akt ließen die patriotische Erhebung zurücktreten; die dramatische Gewalt des Stückes wird hier eben siegreich über jede andere Empfindung. Nur bei den vielzitierten Worten Tells: »Es kann der Frömmste nicht in Frieden bleiben«, Worte, die wie nichts andres unsre gegenwärtige Lage charakterisieren, schlug die Tagesstimmung wieder durch. Herr *Berndal* (Tell) sprach diese Zeilen rasch, hastig, was unsere unbedingte Zustimmung hat, selbst wenn er darin ein leises Zuviel getan haben sollte. Nichts wirkt verstimmender, als solche Schlagworte mit einem gewissen feierlichen Zurechtrücken von Geist und Körper ausgesprochen zu sehn.

Über die Aufführung nur in Kürze. Sorgfalt und innerliche Teilnahme waren unverkennbar. Aber wiederum hing der fünfte Akt wie ein Bleigewicht an den übrigen vier. Wir gedenken keineswegs, die alte Kontroverse wieder aufzunehmen; nur unserer Empfindung wollten wir Ausdruck gegeben haben. Rücksichtsnahmen, die vielleicht zu Schillers Zeiten noch unerläßlich waren, sind es heute nicht mehr. Die freiheitliche Entwicklung hat die Gemüter so weit geklärt, daß der Tell, der den Geßler erschießt, keine Geister mehr verwirrt. Daneben Johannes Parricida! Der Unterschied zwischen der erlösenden Tat des einen und der verstrickenden Tat des andern ist uns allen ins Herz geschrieben. Wenn etwas uns wieder stutzig und schwankend machen könnte, so wäre es dieser fünfte Akt. Was wir uns selber sagen, darf uns nur einer *nicht* sagen, und dieser eine ist Tell.

Noch ein Wort über die Darsteller. Herr *Berndal* tat sein Bestes. Am gelungensten erschien er uns in der ersten Szene des dritten Akts, wo wir ihn in seinem Hause bei der Arbeit, in heiterm Gespräch mit seiner Frau und seinen Kindern sehen. Die Erzählung seiner Begegnung mit dem Landvogt wirkte vor allem durch jede Abwesenheit von Pathos. Herr *Wünzer* gab den Stauffacher. Das Zwiegespräch mit Walther Fürst, solang es ein Zwiegespräch war, kam zu voller Wirkung; als es ein Dreigespräch wurde, wich der Zauber. Frau *Breitbach* (Hedwig) war vortrefflich in der Szene des vierten Akts, wo sie ihren Sohn, nach dem Apfelschuß, unversehrt wiederfindet. Das waren *Natur*klänge, ansprechend, zu Herzen gehend, Klänge, die immer seltener werden. Herrn *Friedmanns* Geßler erschien unserm Urteil als die Glanzpartie des Abends. Kunstvoll im besten Sinne, alles aus einem Guß.

Das Publikum war animiert und dankbar. Lauter Beifall begleitete namentlich auch die Piècen der Zwischenakte: den Pariser Einzugsmarsch, das deutsche Vaterlands- und das Preußenlied.

HEINRICH VON KLEIST
Der zerbrochne Krug
Aufführung vom 28. Oktober 1886

Kleists »Zerbrochener Krug« [...] machte den Eindruck, den er, von der Bühne her, von jeher auf mich gemacht hat: man wird seiner nicht recht froh. Es ist ein Lesestück. Da bewundert man die Kunst des Aufbaus, die Konsequenz der Durchführung, die Schärfe der Sprache, vor allem ihre Knappheit, und was Häßliches mit darunter läuft, wird einem – Pardon für den Ausdruck – wenigstens nicht direkt unter die Nase gestoßen. Hat man dies Greuel von Dorfrichter aber dreiviertel Stunde lang beinah auf Handnähe vor sich, sieht man ihn sich die gequetschte Wade gemächlich verbinden, und wird man unausgesetzt zum Augen- und Ohrenzeugen seiner Brutalitäten, Lügen und Pfiffigkeiten, ohne in diese sich auch schon äußerlich als Schmuddelwelt charakterisierende Gerichtsstube nur einen einzigen Licht- und Schönheitsschimmer (denn der zutage tretende Humor ist au fond wenig erquicklich) einfallen zu sehen, so wird man der unbestreitbaren und beinah grandiosen Vorzüge des Stückes, nämlich seiner Charakteristik und seiner Ökonomie, nicht recht froh. Man denke nur an »Minna von Barnhelm«, das, zu denselben Vorzügen, so viel Liebenswürdigkeit gesellt. Nach dieser Seite hin fehlt dem Kleistschen Stück etwas, etwas Essentielles, und Herzog Carl August hatte nicht ganz unrecht, als er zu Goethe sagte: »Kleist amüsiert sich in diesem Stücke mit vielem Witz, Verstand und Talent mit sich selbst, ohne die mindeste Ahnung zu haben,

wie es anderen Leuten dabei zumute ist.« Die realistische
Richtung unserer Tage muß sich freilich um vieles günstiger als
Carl August und Goethe dazu stellen, günstiger, aber doch
nicht absolut günstig.

HEINRICH VON KLEIST

Die Hermannsschlacht

Aufführung vom 19. Januar 1875
in der Bearbeitung von Rudolf Genée

Julian Schmidt, der sich eingehend mit den Werken H. von
Kleists beschäftigt hat, schreibt über die »Hermannsschlacht«,
daß es mißlich sei, eine Überlistung des Feindes und eine Vernichtung desselben durch überlegene Gewalt auf der Bühne
darstellen zu wollen, »nichtsdestoweniger«, so etwa fährt er
fort, »wird dieser Eindruck bei Kleist durch den *wahrhaft dia-
bolischen Haß,* den er seinem Helden leiht, sehr wesentlich verändert. Man kann über diesen Haß erschrecken, man kann
ihn mißbilligen, aber er macht einen dramatischen Eindruck.«
Dies ist sehr wahr, wobei übrigens noch zu untersuchen bliebe,
ob das, was eine so mächtige Wirkung übt, nicht mehr in seiner glühenden Vaterlandsliebe, die erst den Haß gebar, als in
diesem selbst und seinem Diabolismus zu suchen ist. Vielleicht
ließe sich noch um eine Stufe tiefer graben und das Hinreißende, das diesem Drama eignet, vor allem in der Gewalt
seiner *Gefühls*wahrheit erkennen. Es ist absolut phrasenlos.
Kleist schrieb das Stück im Degout gegen die Tugendbündler,
frontmachend gegen die Welt der »schönen Worte«, und man
muß ihm nachrühmen, seiner Aufgabe gerecht geworden zu
sein. Die vaterländische Intention, sei es in Liebe oder Haß,
haben hundert andre mit ihm gemein; aber was unter den
Dramatikern dieses Jahrhunderts keiner hat wie er, das ist die
großartige Unsentimentalität, die Schlichtheit des Ausdrucks,
auch da noch, wo sich Unerhörtes vollzieht. Die *Dinge* sind

groß, nicht die Worte. All dies lediglich auf eine »gesunde Intensität des Hasses«, die nichts Redensartliches aufkommen ließ, zurückführen zu wollen, wäre grundfalsch. Neben seinem starken *patriotischen* Empfinden läuft nämlich ein ebenso starkes *ästhetisches* Empfinden her, das erst die Einheit des Tones, die Vortrefflichkeitsübereinstimmung in allen Teilen der Dichtung, auch in den divergierendsten, schafft. Haß gegen die Unterdrücker und Degout gegen die Redensartler würden ausgereicht haben, die Phrase aus den *politischen* Szenen dieses Dramas zu bannen; daß die Phrase *überhaupt* fehlt, ist nicht das Resultat des echten Patrioten, sondern des echten Dichters. In seinen andern Stücken unterliegt Kleist gelegentlich einer sich geltend machenden romantischen Laune; aber auch von einer *solchen* ist diese »Hermannsschlacht« frei. Einige wenige Szenen – die übrigens in der Bearbeitung R. Genées fortgelassen oder doch gemodelt worden sind – könnten vielleicht auf solche Marotte hin gedeutet werden. Indes mit Unrecht. Sein Haß, dem er Ausdruck geben wollte, zog an diesen immerhin gewagten Stellen nur die Konsequenzen. Er erschrak vor nichts; aber er suchte nicht diese Schrecknisse; sie gaben sich ihm.

[...]

Wir schließen mit dem Wunsche, daß das Stück dem Repertoire erhalten bleiben möge. Ein Anspruch darauf wird ihm nicht versagt werden können. Es wirkt – schon in seiner Eigenschaft als im besten Sinn *nationales Tendenzstück* – viel weniger fremdartig als »Lear«, dem es an dramatischer Gewalt wenn auch nicht ebenbürtig, so doch immerhin nahe verwandt ist.

HEINRICH VON KLEIST
Prinz Friedrich von Homburg

Aufführung vom 10. Oktober 1876

Die Intendanz der Königlichen Schauspiele, den hundertjährigen Geburtstag Heinrich von Kleists zu feiern, hatte den »Prinzen Friedrich von Homburg« ausgewählt, das schönste und vollendetste Stück, das uns der unglückliche, an der Zeiten Mißgunst gescheiterte Dichter hinterlassen hat. Sein schönstes und vollendetstes Stück, vielleicht *überhaupt* ein vollendetes, wenn es statthaft ist, eine dramatische Arbeit ganz allein aus sich selbst heraus zu beurteilen und sich einfach die Frage vorzulegen: wurde die gestellte künstlerische Aufgabe seitens des Dichters gelöst? Diese Frage ist unbedingt mit einem Ja zu beantworten; selten in der dramatischen Kunst wird das in einem Einzelfall Gewollte in einem gleich vollkommenen Grade erreicht worden sein.

Die Anfechtungen, die das Stück erfahren hat, haben sich auch in der Tat immer nur darum gedreht, ob das Gewollte ein Wollenswertes, überhaupt ein Zulässiges war; mit anderen Worten, ob es sich gestattete, den Heldenprinzen, der am Tage von Fehrbellin bereits seit siebzehn Jahren ein silbernes Bein und seit vierzehn Jahren einen goldenen Trauring trug, nicht bloß, nach dem Vorbilde des Goetheschen Egmont in einen jugendlichen Liebhaber, sondern, die Metamorphose steigernd, sogar in einen *romantischen* jugendlichen Liebhaber, wie er nur im Jahre 1810, in der Zeit von Tieck, Kleist und Novalis denkbar war, umzuwandeln? Gewiß liegt hier die angreifbare Seite des Stückes, um so angreifbarer, als nicht nur das schöne historische Gepräge, das ihm im übrigen eignet, benachteiligt, sondern auch, wenigstens momentan, nach der rein dichterischen und menschlichen Seite hin, das Interesse geschädigt wird, das wir dem Helden des Stücks entgegenbringen. Wir können ihm gleich in den ersten Szenen nicht folgen, weil wir ihn nicht verstehn; Nachtwandlerei, roman-

tische Kaprice und romantische Prätention entfremden ihn
uns, noch ehe wir Zeit gehabt haben, ihn von seiner tieferen
Seite kennen und lieben zu lernen, und so ziehen denn die ersten anderthalb Akte, die als Exposition gelten können, ebenso
reich an Verstimmungen wie an wechselnden Bildern an uns
vorüber.

An dieser Tatsache ist nichts zu ändern. Auch die festesten
Enthusiasten, die seit einer Reihe von Jahren beflissen gewesen sind, die alte Kleist-Nationalschuld redlich abzuzahlen,
haben unseres Wissens keinen Versuch gemacht, diese Einlei-
tungsszenen oder die unmittelbare Wirkung, die sie hervor-
bringen, zu feiern oder zu rechtfertigen. Und in der Tat, es
bedurfte eines solchen Versuches auch nicht. Das Stück selbst
übernimmt es, alles wieder in Balance zu bringen. Es äußert
eine von Akt zu Akt sich steigernde, *rückwirkende* Kraft, die so
groß, so erobernd ist, daß wir des letzten Restes von Miß-
mutes, den die scheinbar romantisch-willkürliche Exposition
in uns geweckt hatte, nicht nur quitt werden, sondern uns auch
schließlich zu dem halb widerwillig, halb freudig gegebenen
Geständnis bequemen: wenn wir das Stück in seiner Schönheit und Macht überhaupt wollen, so müssen wir auch *das*
wollen, was uns an ihm verdroß. Ein Triumph der Kunst, der
sich in allen Kleistschen Arbeiten ausspricht, in diesem »Prinzen von Homburg« aber vielleicht am meisten. Die Klarheit
und Konsequenz des Gewollten, das uns überkommende Gefühl absoluter künstlerischer Notwendigkeit, entwaffnen zuletzt jeden Widerspruch und zwingen uns, auch das uns Wider-
strebende – das doch seinerseits erst das eine Vollkommenheit
darstellende Ganze wieder zu dem macht, was es ist – an den
Anerkenntnissen dieser Vollkommenheit teilnehmen zu lassen.
Gewiß wäre eine andere Lösung der Aufgabe nicht nur denkbar, sondern in gewissem Sinne auch wünschenswert gewesen, aber keine würde vermocht haben, ein in sich geschlossenes, alle Disharmonien glänzender lösendes, dabei zugleich
durch größere Kraft und Kühnheit ausgezeichnetes Kunstwerk herzustellen. Im übrigen verweisen wir auf den treffli-

chen Aufsatz »Heinrich von Kleist« von Adolf Schwarz, den die »Vossische Zeitung« in ihrer letzten Dienstags- und Mittwochsnummer gebracht hat.

Die Aufführung des Stücks war wohlgelungen, trotzdem ihr diesmal Kräfte fehlten wie die der Herren Ludwig und Döring.

[...]

III

»Die Macht des überlieferten Stoffes«

Dramen des 19. Jahrhunderts

FRANZ GRILLPARZER

Des Meeres und der Liebe Wellen

Aufführung vom 12. Oktober 1881

»Es führen viele Wege nach Rom.« Wenn dieser Satz noch
eines Beweises bedürfte, so würde das Sonnabendabend- und
das Mittwochabendstück, die »Geier-Wally« der Frau von
Hillern und »Des Meeres und der Liebe Wellen« Franz Grillparzers diesen Beweis übernehmen können. Stärkere Ge-
gensätze sind kaum denkbar, und doch sind beide von einem
großen Erfolge gekrönte Musterstücke. Freilich, der Erfolg
der »Geier-Wally« war größer, und zwar um *so* viel, als die
dramatische Potenz darin größer ist. Und wenn ich von einer
solchen größeren »dramatischen Potenz« spreche, so mein ich
nicht etwa bloß sinnliche Bühnenwirkung oder Alltagseffekte,
nein, das Frau von Hillernsche Stück ist auch als dramatisches
Kunstwerk oder, wenn dies zuviel gesagt sein sollte, wenigstens in seinem dramatischen Bau, in seiner dramatischen To-
talität dem Grillparzerschen sehr überlegen. Die »Geier-Wally«,
lache darüber wer will, ist nach *dieser* Seite hin ungefähr
ebenso fehler*los*, wie sich »Des Meeres und der Liebe Wellen«
als fehler*voll* erweisen. Sie repräsentieren etwas dramatisch aus
mehr als einem Grunde höchst Anfechtbares, aber sie sind dafür eine *große Dichtung überhaupt*, so groß, daß der poetische
Zauber einer ganzen Anzahl von Szenen und Einzelstellen
uns auch von der *Bühne* her mit fortreißt. Ich denke dabei nicht
bloß an die durch nichts, und zwar, auch auf den *Effekt* hin
angesehen, durch nichts zu übertreffende große Liebesszene
des dritten Akts, ich denke dabei vielmehr an Szenen, die
nichts sind als Dichtung, als »reine Dichtung«, und sich ausschließlich kraft dieser ihrer Kraft zu Wirkungen empor-

schwingen, die, von solcher Unmittelbarkeit und Hochgradigkeit, das lyrisch Beschreibende sonst *nicht* zu haben pflegt.
Eine solche Stelle bedünkt mich beispielsweise *die*, wo der
Tempelhüter dem Oberpriester *das* schildert, was in der Nacht
vorher, in dem halberleuchteten Turmgemache Heros, von
ihm wie Schatten an der Wand beobachtet wurde. Was er da
gibt, ist nur eine Beschreibung, aber diese Beschreibung ist
von einer solchen Macht und höheren poetischen Anschau-
lichkeit, daß das bloße Wort an die Stelle des Erlebnisses tritt
und wir dies nächtlich Geheimnisvolle, das in Spuk und Ahnung Gehüllte wie gegenständlich mit durchzumachen glauben. Wenn man will: ein Triumph der Dichtung als solcher
oder vielleicht auch ein Beweis dafür, daß alle große poetische Wirkung im letzten immer auf ein dramatisches Element
hinausläuft. »Erlkönig« und die »Lenore« haben mich immer
hingerissen wie »Macbeth«, und es gibt Lieder, alte und neue,
die vollkommen den Zauber und die Wirkung einer dramatischen Liebesszene haben.

»Des Meeres und der Liebe Wellen« sind eine große Dichtung und in ihrer *dichterischen* Kraft auch voll *dramatischer* Kraft.
Aber sie sind, um auch das zu wiederholen, auf das *speziell* Dramatische hin angesehen, in Fehler allerbedenklichster Art und
Weise hineingeraten, in Fehler, die so groß sind, daß selbst
das Charakterbild Heros dadurch verschoben und an betref-
fender Stelle psychologisch unwahr wird. Es ist Grillparzer ge-
glückt, ein Hoheslied der Liebe zu schreiben, wie mir kein
schöneres bekanntgeworden ist, aber so vollkommen er das
Bild des liebenden Mädchens darin gezeichnet hat, so wenig
vollkommen ist das der jungen Priesterin. Und doch lag ihm
ob, auch *dieser* gerecht zu werden. An dem Umstande, daß
dies *nicht* geschah, ist der ganze zweite Akt gescheitert. Wenigstens meinem Gefühle nach. Eine Jungfrau, die sich wie
Hero der Bedeutung ihres Priesteramtes voll bewußt ist, kann
nicht, in demselben Augenblicke fast, in dem sie sich der Göt-
tin als Priesterin geweiht hat, auf einem Parkspaziergang eine
derartige »Konversation am Brunnen« machen. Auch ein »Stell-

dichein übers Jahr« ist immer noch ein Stelldichein und hier *so* sehr, daß aus den zwölf Monaten in Wahrheit nur zwölf Stunden werden. Und so wirkt denn diese Begegnung im Götterhain, als ob eine Konfirmandin in ebendem Augenblicke, wo sie vom Altar wegtritt, auch schon ein Rendezvous verabreden wollte. Nur schlimmer. Denn eine Dutzendkonfirmandin ist nicht viel, aber eine geweihte Priesterin ist *sehr* viel. Es schädigt uns diese Szene die bis dahin so liebliche Gestalt der jungen Priesterin, und wir würden diese Schädigung noch um vieles tiefer empfinden, wenn wir nicht, statt an Hero zu zweifeln, einfach des Glaubens lebten: »Ach, der *Dichter* hat sich geirrt.« Ein Fall also, wo wir das Geschöpf über den Schöpfer setzen. Er schuf es vollkommen, und wir zürnen nur mit *ihm*, dem Schöpfer, dem *geistigen* Vater, daß er, launenhaft und grausam, einer von Grund aus entzückenden Tochter etwas Unentzückendes andichten konnte. Freilich rächt sich diese dafür an ihrem *leiblichen* Erzeuger, der mit ihr im Stücke auftritt, und schlägt *ihm* gegenüber einen de haut en bas-Ton an, als ob die berühmte Wendung aus Lindaus Lustspiel: »Ich weiß eigentlich nicht, wie Vater in unsre Familie kommt«, auch schon in Sestos bekannt gewesen wäre.

[...]

FRANZ GRILLPARZER

Der Traum ein Leben

Aufführung vom 8. Mai 1884

»Der Traum, ein Leben« – dies ausgezeichnete Stück, von eminent poetischer Vornehmheit, erzielte bei seiner Wiedervorführung am Donnerstagabend einen großen Erfolg, größer als vor sechs Jahren, was ich weniger einer gelungeneren Darstellung als einem sich vorbereitenden Umschwung im Geschmacke des Publikums zuschreiben möchte. Man fängt an, kommerzienratübersättigt zu werden, und sehnt sich wieder nach dem Quell echter Dichtung. Wächst diese Sehn-

sucht, so werden sich auch wieder Poeten finden wie Grillparzer.

Die Aufgabe, die sich der Dichter in seinem Märchendrama
stellte, war *die*, einen jungen ehrgeizkranken Heißsporn von
diesem seinem Ehrgeiz genesen zu lassen. Und das Heilmittel,
das er dazu wählte, ist ein Traum. Im Traume durchlebt er eine
Tragödie; die furchtbaren Bilder derselben, furchtbar auch in
ihrem Glanze, werden ihm zur Warnung, und dem aufgehen-
den Tagesgestirn entgegen spricht er schließlich die Worte:

> Breit es aus mit deinen Strahlen,
> Senk es tief in jede Brust:
> Eines nur ist Glück hienieden,
> Eins: des Innern stiller Frieden
> Und die schuldbefreite Brust!
> Und die Größe ist gefährlich
> Und der Ruhm ein leeres Spiel,
> Was er gibt, sind nicht'ge Schatten,
> Was er nimmt, es ist so viel.

Die Grillparzersche Dichtung ist von einer stark ethischen
und erziehlichen Kraft, und alle Mittel sind aufgewandt und
erfolgreich aufgewandt worden, uns die Wahrheit derselben
ans Herz zu legen. In der Regel wird einem das sogenannte
»beßre Teil« immer nur gepredigt, gepredigt in öden Redensarten, die gleichgültig an unsrem Ohr hin verhallen, *hier* aber
empfinden wir das beßre Teil und tun einen Schritt vorwärts
auf dem Wege fruchtbringender Erkenntnis.

Der Kern des Stückes ist, wie angedeutet, nur ein Traum,
was mich bei früherer Gelegenheit aussprechen ließ, die dramatische Wirkung verliere durch die Vorstellung von der
Unwirklichkeit des sich vor unseren Augen Vollziehenden.
Ich sagte damals: »Daß dies alles nur Traum ist, ist ein Übel-
stand. In dem Augenblicke, wo wir uns zu Haß oder Liebe
hingerissen fühlen, erinnern wir uns oder *werden* daran erinnert, daß die ›ganze Fülle der Gesichte‹ eben nur als Schemen

anzusehen sind. Das beeinträchtigt aber den Effekt. Der ›Macbeth‹ ist auch eine Ehrgeiztragödie. Und nun denke man sich den ganzen ›Macbeth‹ geträumt. Die Hexen und Banquo und die nachtwandelnde Lady wären von dem Augenblick an nur noch halb sie selbst.«

So damals. Ich stelle mich heut einigermaßen anders zu der Frage. Die Wirklichkeit spricht von der Bühne her überhaupt nicht zu uns, sondern nur ihr Schein, und ob dieser Schein das Widerbild von Leben oder Traum ist, ist ziemlich gleichgültig. Nicht die Genesis des »schönen Scheins« ist das Entscheidende, sondern sein Kolorit, seine Leuchtekraft, und nicht auf die Zwischenstufen seiner Entwickelung kommt es an, sondern auf die Intensität seiner selbst. Es gibt weniges, was so rührt und erheitert, so hinnimmt und entzückt wie gute Märchen, und doch ist es eine erdichtete Welt oder, was dasselbe sagen will, eine Traumwelt, in die das Märchen uns einführt.

[...]

MICHAEL BEER

Struensee

Aufführung vom 2. November 1883

Schinkel, dem vor wenig Tagen zu den Denkmälern, die die Hauptstadt bereits von ihm aufweist, in seiner Vaterstadt Ruppin ein Denkmal errichtet wurde, pflegte, wenn er als Kind nach Vorlegeblättern allerlei Vögel zu zeichnen hatte, die Vorlegeblätter mit dem Bemerken zurückzugeben, er fände, Vögel sähen alles in allem doch noch anders aus. Im Einklange damit möcht ich den am Freitag wieder zur Aufführung gekommenen Michael Beerschen »Struensee« mit der Bemerkung begleiten dürfen. »Struensee, samt seinem dänischen Hof- und Militäradel, sieht doch noch anders aus.« Vor acht, neun Jahren, als ich das Stück zum letzten Male sah, empfand ich dies weniger und schrieb deshalb: »Alles Schwache dieser dramatischen Arbeit ist leicht herauszufinden. Es steckt in einem

gewissen Romantizismus und sentimentalisiert mehr als wünschenswert, aber all seiner Fehler unerachtet ist es ein sehr
gutes Stück. Der Dichter schrieb es aus dem Geist und Fühlen
seiner Zeit heraus. Auch die Besten haben das gleiche getan.«
Meiner gegenwärtigen Empfindung nach bin ich damals um
einen Grad milder gewesen als zulässig und würde heute von
dem Stücke sagen müssen: »Es ist fleißig und talentvoll, im
ganzen gut aufgebaut und im einzelnen voll feiner und wirklich poetischer Stellen, aber all dieser Meriten unerachtet
doch ohne rechte Wirksamkeit, weil es ihm an *Originalität*
und mit dieser zugleich an Kraft und Leben gebricht. Überall
lehnt es sich an oder ahmt geradezu nach, und schon Hebbel
sagte: »Dubletten bedeuten nichts in der Kunst.« »Struensee«
kopiert, steht nirgends auf eigenen Füßen; aber schlimmer
noch als die fehlende Selbständigkeit berührt der überall
fehlende historische Sinn, und etwas Erheiterndes als die
Verschwörung im zweiten Akt, wo die Verschworenen ihre
Schreibtafeln ziehen, um unter Kunstpausen und Gruselmu-
sik nichts als die Zahlen und Interjektionen »um eins« .. »um
drei« .. »und dann« .. »und dann« in ihre Notizbücher nieder-
zuschreiben, etwas Erheiterndes, sag ich, ist auf dem Gebiete der unfreiwilligen Komik vielleicht nie geleistet worden.
Es rief mir denn auch sofort ein Lied aus der guten alten Hol-
tei-Zeit in das Gedächtnis zurück, dessen sich einige Berliner
noch dankbar entsinnen werden und das anhob: »War's vielleicht um eins? War's vielleicht um zwei? War's vielleicht drei
oder vier?« Diese munteren Zahlen hat Michael Beer einfach
auf den Kothurn gehoben. In sich überschlagender Simplizi-
tät aber geht die Tragik nicht bloß unter, sondern verkehrt sich
leicht in ihr Gegenteil.

Es fehlt an historischem Sinn in diesem »Struensee«, was in
einem historischen Stück nicht viel weniger bedeutet, als »es
fehlt an Wahrheit überhaupt«. Auch an dichterischer. Denn
dies trennen zu wollen ist sehr schwer und vielleicht nur *einem*
und nur *einmal* gelungen. In »Kabale und Liebe«, wie bis zum
Überdruß versichert worden ist, hat man die Luft des 18. Jahr-

hunderts, in »Struensee« dagegen hat man nur *die* der Michael Beer-Zeit. Wo der Dichter ernstlich Anstrengungen macht, seine Figuren nichtsdestoweniger in der ihnen zuständigen Luft atmen zu lassen, fühlt man sich mit ihnen einfach in die Sauerstoffglocke gesetzt: ein bestimmtes Element tritt potenziert auf, aber das *Natürliche* wird nicht gewonnen. So sentimentale Grafen wie dieser Graf Rantzau, Generalleutnant und Staatsrat, und so nichtige, halb in Weichheit und halb in Bescheidenheit machende britische Gesandte wie dieser Robert Keith hat es nie gegeben, am wenigsten aber solche Königinwitwen und »Stiefmütter«. Diese Juliane Marie trägt den Märchenstempel, kommt direkt vom Machandelboom her, und man hört ordentlich noch, wie der Deckel der Apfeltruhe zuklappt.

All diese Mängel im Stück würden indes sehr viel weniger fühlbar geworden sein, wenn das Spiel ein anderes gewesen wäre. Jeder jedoch gab nur sich selbst und scheiterte (wenn es überhaupt versucht wurde) bei der Ausfindigmachung des Unterscheidung und Leben gebenden *Punktes*, auf den es ankommt. Daß ein solcher gelegentlich fehle, kann ich kaum gelten lassen. Jede Rolle, auch die schlechteste, birgt irgendwo diesen unterscheidenden Punkt, und wenn er wirklich einmal von Dichters wegen nicht da sein sollte, so wird er doch von Künstlers wegen im Suchen immer gefunden werden können. Die Größe Dörings und der Beweis seiner eminent schauspielerischen Begabung lag vor allem darin, daß er in jedem Einzelfall das Besondere, das Lebengebende entweder fand oder *schuf.*

In solchem Finden und Schaffen war der Abend, der uns den »Struensee« wieder brachte, nicht glücklich. Andre Mängel kamen hinzu. Man empfindet das allemal am stärksten, wenn die Sommerferien den Faden des Gewohnheitlichen auf eine Weile durchschnitten haben. Am Freitage, nach Monaten zum ersten Male wieder im Theater, vermocht ich mich einen ganzen Akt lang in *dem*, was mir von der Bühne her vorgeführt wurde, nicht recht zurechtzufinden. Anstatt, wie es sein soll, den Eindruck einer mit dem Gesetz der Schönheit in Einklang gebrachten Natur zu haben, hatt ich vielmehr den Eindruck einer halben und an nicht wenig Stellen einer *ganzen* Unnatur. Alles Theaterpose, Theatersprache. Je weiter das Spiel gedieh, je mehr minderte sich dies Gefühl des Befremdlichen, aber doch nicht deshalb, weil es besser geworden wäre, sondern lediglich, weil sich die Sinne dem ihnen Gebotenen wieder anzubequemen begannen. Und so liegt es denn in der Tat so, daß bei Beurteilung schauspielerischer Leistungen immer nur der erste Akt, oder doch vorzugsweise dieser, in Betracht kommt.

Und wie verlief nun dieser erste Akt! Er beginnt mit einer vom Dichter nicht nur gut intendierten, sondern auch gut durchgeführten Bedientenszene, die, wenn ihr ihr Recht wird, nicht nur die Situation klarlegen, sondern vor allem auch eine richtige Stimmung schaffen muß. Aber wenigstens dies wichtige zweite (fast auch das erste) mißlang. Eine Gruppe galonierter Leute, die weder mit sich noch mit ihren Rollen etwas anzufangen wußten, ergingen sich in einem Durcheinander von Worten und Behauptungen und waren endlich ersichtlich froh, wieder abtreten zu können. Ohne Schmerz sahen wir sie denn auch scheiden und erwarteten nunmehr doppelt raschen Aufschluß und vor allem Einführung in die wirklich dichterische Welt. Waren es doch die Großen, die jetzt unmittelbar zu Worte kommen sollten. Aber was trat tatsächlich an uns heran? Ein dänischer Polizeichef, der weinerlicher sprach als ein Nachmittagsprediger, ein Oberst, der das Wort nach den Prinzipien der Massage behandelte, zum dritten ein Edelmann, der das falsch Pathetische seiner Rolle noch überpathetisierte, endlich der freiheitliche Held und Minister selbst – jeder Zoll ein Ludwig, ein Posa, ein Uriel Acosta, was alles drei dasselbe bedeutet. Gut, gut. Aber nichts, was uns in die schöne Stadt am Öresund versetzt hätte! Wir kamen eben nicht los vom Gendarmenmarkt. Und so blieb es bis zum Schluß. Keiner der Mitspielenden fuhr im geringsten aus seiner Haut heraus, sondern wälzte diesen Prozeß ausschließlich dem Zuschauer und seiner Ungeduld zu. Wirklich, es muß gesagt werden, die Schulmeisterszene des vierten Aktes und ein paar andere Kleinigkeiten abgerechnet, war alles ein totes Spiel, ein Karneval mit abgenommener Maske, so daß wir wohl allerlei lieber alter Gesichter, aber doch gerade *derer* nicht ansichtig wurden, die sehen zu wollen wir in einer »Struensee«-Vorstellung ein gutes Recht hatten.

Und bei dieser Gelegenheit möcht ich einmal ein Wort über Virtuosen und Virtuosentum aussprechen dürfen.

Es ist Mode, ja geradezu guter Ton geworden, von dem Virtuosentum als von etwas Schrecklichem, als von der Wurzel alles Übels zu sprechen. Ich finde dies einfach absurd und bekenne mich offen und beinahe uneingeschränkt zu der entgegengesetzten Ansicht. Alles, was mich von Personen auf der Bühne noch interessiert, sind Virtuosen oder doch solche, die wenigstens in der einen oder andern Rolle »virtuos« aufzutreten verstehen. Ein paar Ausnahmen laß ich gelten. Beispielsweise Herrn *Krause*. Wenn ich aber im großen und ganzen überschlage, was in den letzten sechs, acht Jahren schauspielerisch überhaupt noch einen Eindruck auf mich gemacht hat, so waren es immer *virtuose* Leistungen: Rossi, Salvini, Haase, Klein oder die Niemann-Raabe. Selbst die kleine Conrad ist da, wo sie hinreißt, auch virtuos. Wenn Haase seinen Thorane, seinen Klingsberg spielt, so bin ich nicht mehr im Theater und fühle mich erst wieder dahin zurückversetzt, wenn die »reinen Künstler« das Wort ergreifen, will sagen die, deren Kraft in der Regel nicht ausreicht, mich in Raum und Zeit da hinzustellen, wohin die Dichtung und ich selber mich haben will. Es gibt keine Kunst ohne Virtuosität. Sie kann verschieden sich äußern (man nehme Menzel und Anton von Werner), aber da muß sie sein, wenn überhaupt von Kunst gesprochen werden soll. Auch ein Lallen kann reizend sein, aber vom Kunststandpunkt aus angesehen, ist es Stümperei.

Der Freitagabend verlief ganz unvirtuos. Überwiegend mittlere Begabungen – mittlere für die speziell ihnen vorliegenden Aufgaben – machten sich an ein mittleres Stück und erreichten nichts anderes, als daß sie die Mängel desselben doppelt als Mängel erkennen ließen. Die Schauspieler hatten nicht viel von dem Stück, und das Stück hatte nicht viel von den Schauspielern. Es war ein Abend ganz ohne zündende Blitze. Höchstens ein paarmal ein Wetterleuchten. Das Große blinzelte matt wie von der Ferne her.

Die gelegentliche Wiedervorführung des Stücks erscheint mir stets als eine Pflicht gegen den jugendlichen, einst unserer Hauptstadt angehörigen Dichter, der, schöne Hoffnungen mit in sein frühes Grab nehmend, nicht Zeit hatte, wie Heine von Meyerbeer sagte, »berühmt zu werden durch seinen Ruhm«. Eine seiner beißendsten Bemerkungen und doch zugleich unbeabsichtigt die schmeichelhafteste der Huldigungen. Denn das Bleibende der Höchsten und Größten sind *nicht* ihre Werke, sondern einfach ihr Name, der Ruhm an sich.

HEINRICH LAUBE

Die Karlsschüler

Aufführung vom 19. Februar 1881

Seit einer Reihe von Jahren, ich glaube seit Herrn Dahns Abgang von der Königlichen Bühne, waren die »Karlsschüler« vom Repertoire verschwunden; – der Sonnabendabend brachte sie uns wieder, ersichtlich zu des vollbesetzten Hauses Freude, der zuzustimmen ich in der angenehmen Lage war.

Unter den Dramatikern im zweiten Drittel dieses Jahrhunderts sind Benedix und Laube meine ganz entschiedenen Lieblinge. Sie haben eminent *das*, auf was es mir anzukommen scheint: Kenntnis des Lebens und des Theaters, Bonsens und Phrasenlosigkeit. Was ihnen vorgeworfen wird, daß es ihnen an »Poesie« fehle, das ist gerade ihr Vorzug. In *dem* Betracht ihr Vorzug, weil es ihnen, eben weil sie dies Manko fühlten, auch immer weitab gelegen hat, sich auf die »höchste Höhe« hin ausspielen zu wollen. Man kann nicht bloß sehr gute, sondern auch sehr reizende Stücke schreiben, ganz ohne Poesie, namentlich aber auch ohne *das*, was der Philister Poesie zu nennen beliebt. Das Unglück fängt erst an, wenn die ledernsten Kerle von der Welt, die von Jugend anstatt mit dem Robinson mit dem Shakespeare zu Bette gingen, ins Hochdrama hineingeraten und in Nachahmung jener Sprache, die selbst bei dem immortal William oft nur unter seiner alles deckenden Flagge hinzunehmen ist, in jenem Bilderwust einherstolzieren, der mit Unverständlichkeit und Langerweile gleichbedeutend ist. In jenem Bilderwust, der dem Philister als »schöne Sprache« gilt, dem Eingeweihten aber der Schrecken aller Schrecken bedeutet. Eine wirkliche Bildersprache, die den Gedanken leuchten läßt, statt ihn zu verdunkeln, ist eine große Gabe; Hebbel und Grillparzer haben sie, vielleicht auch noch ein paar andre; die meisten Shakespeariden aber haben sie *nicht*. Es muß der Gedanke gleich im Bilde geboren werden, dann kann das Bild schöner und frappanter sein als das einfache Wort; wird das Bild aber erst als Extrakleid genäht und dann angezogen, so sitzt es nicht und ist eine Last, aber kein Schmuck. Es zählt zu den Vorzügen Laubes, über all dies in vollkommenster Klarheit zu sein und nicht mit Steinen prunken zu wollen, die nur Wert haben, wenn sie echt sind. Unechter Schmuck ist für die Wilden.

In seinen »Karlsschülern« scheint er mir auf seiner Höhe; ich ziehe sie noch dem »Grafen Essex« vor, und in der Tat, verzichtet man auf Hochflug und Genialitäten, so findet sich in diesen »Karlsschülern« eigentlich alles zusammen, was ein gutes Stück ausmacht: ein glücklicher Stoff, ein geschickter Aufbau, Konzentration, gute Charakterzeichnung und zu dem allen ein durchaus liebenswürdiger, ebenso deutsch-patriotischer wie vorurteilsfreier und nach allen Seiten hin Gerechtigkeit übender Grundton. Ich gehe so weit, zu behaupten, daß wir, auch unser Bestes mit herangezogen, nicht viel Akte aufzuweisen haben, die dem vierten Akte dieses Stückes, oder mit anderen Worten der großen Szene zwischen dem Herzog und der Gräfin von Hohenheim und daran anschließend der

Szene zwischen dem Herzog und Schiller gleichkommen. Gegen die letztere Szene läßt sich freilich manches einwenden; man muß sie nicht *zeit*historisch, sondern sozusagen welthistorisch ansehen, um sie von Wort zu Wort gerechtfertigt zu finden; aber die voraufgehende Szene, *die* zwischen dem Herzog und der Gräfin, ist ein vollkommenes Meisterstück. Es erinnert an die schönsten Partien im »Prinzen von Hessen-Homburg«. Kleist, daran ist nicht zu rütteln, war ja viel tiefer und origineller und ein wirklicher großer Poet; aber was ein Nichtpoet aus Bildung und Wissen, aus patriotischer Empfindung und Geistesschärfe heraus leisten kann, das ist hier geleistet worden. Der Anfang des fünften Aktes: die Flucht Schillers und das, was ihr unmittelbar vorausgeht, ist das einzig Anfechtbare des Stückes; es streift hier alles ans Ridiküle. Fehlte dieser Fehler, so wär es, soweit ich zu sehen vermag, etwas ganz Untadliges. Daß von den Schillerschen »Räubern« ein paar Akte lang als von etwas ganz Entsetzlichem gesprochen wird, ohne daß man dieser Entsetzlichkeiten irgendwie gewahr wird, ist mitunter gerügt worden. Aber dieser Mangel ist eine Tugend. Er erinnert an Menzels berühmtes »Hochkirch«-Bild, auf dem (*auch* beanstandet) die Feinde fehlen. In nichts zeigt sich das Genie so sicher, als im kühnen Weglassen anscheinend unerläßlicher Dinge.

[…]

KARL GUTZKOW

Der Gefangene von Metz

Aufführung vom 10. Januar 1871

Der berühmte Name des Verfassers, vielleicht auch der Titel des Stücks, hatte das Haus bis auf den letzten Platz gefüllt. Versuchen wir zunächst den Inhalt dieser neuesten Gutzkowschen Arbeit zu geben.

In den wirren, intrigenreichen Fehden, die die Reformation begleiteten und ihr folgten, Jahrzehnte, in denen alles

Mögliche zu finden ist, nur nicht *das*, was sich mit besonderer Betonung »deutsche Treue« nennt, – wir sagen, in den wirren Fehden jener Epoche hat Markgraf Albrecht von Kulmbach, ein »wüschter G'sell«, wie die Schwaben sagen, den Herzog von Aumale, Bruder des Königs Heinrich von Frankreich, gefangen genommen. Und zwar bei *Metz*. Dieser Gefangene ist nun also der »Gefangene von Metz«. Markgraf Albrecht schleppt ihn mit nach Deutschland, und ewig in Geldverlegenheiten, hütet er den Herzog wie einen *Schatz*. Natürlich. Solange er den Prinzen hat, hat er Kredit; Lösegeld *muß* am Ende mal bezahlt werden. Es handelt sich also vor allem darum, diesen »Gefangenen von Metz« sicher zu setzen.

Den Herzog halte, wer ihn hält,
Er wird ihn nicht so bald zum zweiten Male fangen.

Dieses Wächteramt übernimmt Albrechts Muhme,

Elisabeth, geb. Prinzessin von Brandenburg,
verwitwete Gräfin von Henneberg,
Herzoginwitwe von Braunschweig-Hannover,

und verschwört sich, als *deutsche Frau,* die übernommene Aufgabe zu lösen. Dies ist am Schlusse des ersten Akts. Der lange Titel der Herzogin, weil er doch am Ende im Stücke motiviert werden muß (auch wohl *soll*, um Situationen zu schaffen), wirkt nur verwirrend. Vetter Albrecht, nach Empfang obiger feierlicher Zusage, zieht in einer Prachtrüstung, die weit über seine »Verhältnisse« hinausgeht, von Schloß Kahlenburg ab, um zunächst seine Feinde zu schlagen und dann zur Empfangnahme des Prinzen zurückzukehren. Der Inhalt der weiteren Akte zeigt uns nun vor allem die Anstrengungen der französisch-katholischen Partei, den Gefangenen von Metz zu befreien, während die Herzoginwitwe, unter etwas unbilliger Ausnutzung der Korridortüren, hinter alle diese Pläne kommt, wobei sie freilich durch eine unglaublich ungenierte

Plauderhaftigkeit mehrerer Verschwörer alten Stils (natürlich
»Pfaffen«) sehr wesentlich unterstützt wird.

Der Herzog von Aumale, wie es sich für einen Franzosen
und Gefangenen geziemt, liebt sich mittlerweile durch die
ganze Damenwelt des Stückes durch, geht schließlich, wie es
im Dialoge selber heißt, von den »Gänseblümchen« zum »Edel-
weiß« über und unterliegt selbstverständlich dem herkömmlichen Roué-Schicksal, sich ernsthaft zu verlieben, während
der Gegenstand seiner Liebe erhaben mit ihm spielt. In dem
Augenblicke, wo er besonders dringlich wird, so ängstlich-
dringlich, daß er selbst »wittenbergisch« werden will, kehrt
Markgraf Albrecht, in uneingebüßter Goldrüstung, siegreich
zurück, um sein Hüteramt wieder selbst zu übernehmen.
Gleichzeitig wird im Hintergrunde ein von dem Kulmbach-
schen Ritter Jobst v. Saldern eroberter, sargartiger Pappkasten
über die Bühne getragen, in dem sich das Lösegeld befindet,
das Lösegeld, das *lange* da war, das aber der Prälat Hinkmar
nicht abliefern durfte, weil sonst das Stück schon in der Mitte
des zweiten Akts zu Ende gewesen wäre. Nun bricht die letzte
Szene herein: Die »Gänseblümchen« sind entweder schon
verheiratet oder werden verheiratet (man kann sagen standes-
gemäß), deutsche Treue triumphiert, wie es ihr zukommt,
und der Herzog von Aumale hat das Nachsehen. Wir wollen
wünschen, daß er gut nach Hause gekommen ist. Eh wir Gewißheit darüber erlangen, fällt der Vorhang.

So der Inhalt. Man werfe uns nicht vor, daß wir ihn *miß-
gestaltet* wiedergegeben hätten. Wir haben sehr retuschiert.
Über Allerschlimmstes sind wir hinweggegangen. Der zweite
Akt beispielsweise, der zu zwei Dritteln im *Dunkeln* spielt, ist
derart, daß wir das Gefühl nicht unterdrücken konnten, er
geniere sich, sich selber anzusehn. Wir tun ein Gleiches.
Wenn in unserer Inhaltswiedergabe nichtsdestoweniger
schon eine Verurteilung liegt (und sie *soll* darin liegen), so ist
das nicht unsere Schuld.

Wir wollten, wir könnten anders sprechen. Es ist eine pein-
liche Aufgabe, die uns zufällt. Wir sehen uns einem Manne

gegenüber, der vierzig Jahre innerhalb unserer Literatur steht
und Jahrzehnte lang die Journalistik beinah völlig, die Bühne
zu einem guten Teile beherrscht hat. Das leistet man nicht mit
nichts. Eine Kraft muß da gewesen sein. Selbst die Anfein-
dungen, die sein Schaffen begleiteten (wir erinnern nur an die
Arbeiten Julian Schmidts, dessen Literaturgeschichte beinah
den Eindruck macht, als sei sie um der Bekämpfung Gutzkows willen geschrieben worden) – wir sagen, selbst die An-
feindungen, die er erfahren, beweisen die Bedeutung des
Mannes. Gegen das Kleine und Nichtige richten sich keine
Angriffe derart. Aber wie geneigt wir sein mögen, an eine dagewesene Kraft zu glauben, *hier* in diesem »Gefangenen von
Metz« ist sie *nicht*. Es ist ein unerquickliches Machwerk von
Grund aus, und wenn wir von dem ersten Akt absehen, in
dessen klarer Exposition, besonders bei den Schwierigkeiten,
die zu überwinden waren, sich die geschickte Hand des Mannes zeigt, der mit diesen Dingen Bescheid weiß, so ist im
übrigen eigentlich keine Szene vorhanden, die uns nicht verstimmt, geärgert, verdrossen oder geradezu entrüstet hätte.
Markgraf Albrecht, der – wenn wir von seinem Kostüm und
seinem rotblonden Bart absehn – eigentlich nur da ist, um
seinen Gefangenen in die Hände der schönen Kusine abzulie-
fern und wieder in Empfang zu nehmen, dieser Markgraf
Albrecht mag passieren. Er ist immerhin eine Figur. Die schöne
Herzoginwitwe horcht viel, ordnet, unter wahrhaftem Miß-
brauch eines Klingelzuges, wundersame Trauungen an (man
erwartet mindestens eine Hinrichtung) und spricht inmitten
deutscher Misere etwas viel von deutscher Tugend, aber auch
sie mag gehn. Wir wollen ein übriges tun und den Kastellan
Pomponius Torridianus jenen beiden als dritte hinnehmbare
Gestalt zugesellen, aber nun ist es aus. Alles andere ist lediglich
ein wenig amüsantes Pasquill auf Hofleben und Prinzentum,
auf Adel und katholische Geistlichkeit. Diese Oberhofmei-
sterin ist nichts anderes wie eine Marthe aus Goethes »Faust«,
der gegenüber man, aus dem Munde des mephistophelischen
Prälaten, jeden Augenblick das »Ich versteh, daß ihr *sehr* gütig

seid« zu hören erwartet; die Familien Saldern und Ahlden-
Uslar werden schwerlich neuen Adelsstolz aus den ihnen hier
oktroyierten Ahnen schöpfen, und was den Lokkumer Abt
und vor allem den Domprälaten von Trier angeht, so bekennen wir, daß wir den Mut der Bühne bewundert haben,
solche Gestalten zu *bringen*, und die Langmut der Katholiken,
solche Gestalten zu *ertragen*. Uns waren sie, selbst für unsere
protestantische Empfindung, schon zu viel. Solche Gestalten
darf man nicht bringen; sie sind einfach beleidigend, solange
nicht (und selbst *dann* kaum) der Beweis ihrer historischen
Treue beigebracht wurde.

Solche Rollen zu spielen ist nicht leicht, uns könnten die
Schauspieler leid tun, wenn uns, bei manchem, was geleistet
wurde, nicht auch wieder der Dichter leid getan hätte. Man
half ihm wenig nach. Was schlimm war, blieb schlimm oder
wurde schlimmer. Wir nennen keine Namen. Nur eines: welche Gräfinnen! Einzelne Repräsentationspartien (Herr *Schwing*,
Herr *Krause*) wurden ausreichend gegeben; auch Herr *Karlowa*, in seiner großen Szene im ersten Akt, war gut. Trefflich
waren Frau *Erhartt* (Herzoginwitwe) und Herr *Berndal* (Markgraf Albrecht). Die Erscheinung der Frau Erhartt mahnte uns
an eine schöne, anhalt-brandenburgische Dame der Gegenwart,
an die auch die Gesamtsituation wohl erinnern dürfte. Im ersten Moment des Auftretens war die Ähnlichkeit frappant.
Herr Berndal, wie wir äußerlich vernehmen, hat Münzkabi-
nette und Kupferstichsammlungen durchstöbert, um diese
Markgrafenmaske herauszubringen. Höchst verdienstlich. Aber
doch verlorene Liebesmüh. Dieser Markgraf *kann* nicht lange
leben!

Die Winterkampagne 1870 auf 71 verläuft nicht allzu glücklich für unsere Bühne. Auch dieser *»Gefangene von Metz«* wird
daran nichts ändern. Ein Glück, daß wir, unter demselben
Titel, hundertdreißigtausend *andere* haben.

FRIEDRICH HEBBEL
Herodes und Mariamne

Aufführung vom 26. September 1874

Bis diesen Tag noch, wenn wir in einem Roman lesen, daß Lord Killingshot, der ein Mädchen aus dem Volke liebt, in sieben Duellen drei ihn verspottende Horse-Guards-Kameraden getötet und vier tödlich verwundet hat – bis diesen Tag noch, wenn Gestalten an uns herantreten, die in Liebe wie Haß über das Alltägliche hinauswachsen, mischt sich in unser Entzücken über die Leistungsfähigkeit höher potenzierter Naturen zugleich ein Schmerz über die eigene Ohnmacht. Es klingt dann wohl, in Variation des schönen Mörikeschen Liedes, über unsre Lippen:

> O, daß ich doch Lord Killingshot wär!
> Sieben Gegner erschießen, lieb ich so sehr –
> Schweig stille, mein Herze.

Aber zehn Stunden Schlaf ändern die Situation, und am nächsten Morgen sind wir doch im wesentlichen sehr glücklich darüber, statt des Pistols die »Vossische Zeitung« in die Hand nehmen und sieben unsrer Mitmenschen ruhig weiterleben lassen zu können. Es überkommt uns ein starkes Gefühl davon, daß alles Leben, das eigene wie das andrer, unter Innehaltung der landesüblichen zehn Gebote am besten gedeiht und daß, um abermals einen bekannten Satz zu zitieren, das Verfahren unsers mehrgenannten Lords im günstigsten Falle dahin definiert werden kann: »Assassination mildered by point of honor.«

In dieser Einleitung liegt unsre Kritik versteckt. Herodes und Mariamne, beide stehen auf einer Leidenschaftshöhe, die uns flüchtig wohl ein Staunen, nachhaltig aber doch nur tiefste Abneigung einflößen kann, um nicht, in schuldiger Rücksicht gegen die außerordentliche Begabung des Dichters, ein noch stärkeres Wort zu wählen. Das Kulturhistorische

als solches, wenn es mehr als Hintergrund sein, mehr als Lo-
kaltöne geben will, ist für das Drama absolut unverwendbar.
Es gehört in den Roman. Im Drama soll uns das, was geschieht, zu menschlich-herzlicher Teilnahme stimmen. Wir
müssen, damit dies möglich wird, der Empfindungsweise derer folgen können, die uns zur Teilnahme an ihrem Geschick
einladen. Das vermochten wir diesen beiden Gestalten gegenüber *nicht*! Wir würden uns dazu, nach der geringen Bedeutung, die wir, wie wir nur wiederholen können, dem kul-
turhistorischen Element für das Drama beilegen, mutmaßlich
auch *dann* noch außerstande gesehen haben, wenn die entsprechende Aufgabe: ein Verfall- und Schreckensbild aus der
Wendezeit der heidnischen und christlichen Welt zu geben,
wirklich und glücklich gelöst worden wäre; aber diese Aufgabe *wurde* nicht gelöst, sehr wahrscheinlich nicht einmal gestellt, und damit gebar sich, von Anfang an, das Unheil dieses
Stückes: *die Empfindungszwiespaltigkeit.* Was uns hier als Herodes und Mariamne entgegentritt, ist nicht Herodes und Mariamne, es sind vielmehr Träger der Anschauungen, die Hebbel
von zwei Formen der Liebe, von der unechten egoistisch-ty-
rannischen und von der echten, selbstsuchtslos-heroischen
hatte, denen er zwei Königskleider umhing und ihnen die Zettel anheftete: Herodes und Mariamne. So sehen wir, vier Stunden lang, ein Liebespaar sich und andere quälen, das weder
modern ist noch antik, sondern nur geschaffen wurde, um der
Welt zu zeigen, wie Hebbel sich die Liebe denkt.

> Zwei Menschen, die sich lieben, wie sie sollen,
> Können einander gar nicht überleben,
> Und wenn ich selbst auf fernem Schlachtfeld fiele:
> Man brauchte dir's durch Boten nicht zu melden,
> Du fühltest es sogleich, wie es geschehn,
> Und stürbest ohne Wunde mit an meiner.
> Verlach mich nicht; so ist's, so ist's!
> Allein die Menschen lieben sich nicht so.

So läßt Hebbel den Herodes sprechen. Wundervoll, aber doch zugleich auch modern *gefühl*voll, und so charakterisiert denn diese vielleicht glänzendste Stelle des Stückes auch zugleich die schwache Seite desselben. Es springt hin und her; jetzt treffen Klänge unser Ohr, die etwa der Empfindungsweise Lenaus entsprechen, bis dann wieder ein Dutzend abgeschlagener Köpfe uns daran erinnert, daß wir im Königspalast zu Jerusalem und nicht im Justinus Kernerschen Äolsharfenturm zu Weinsberg sind. Es ist ein Mischstück: Hebbel tragiert im Kleide des Herodes umher. Diese Verkleidung verdrießt um so mehr, als dieser »falsche Herodes« gerade des *einen* entbehrt, das mit dem echten einigermaßen aussöhnen könnte: die wirkliche, auf Kraft und Gesundheit ruhende Leidenschaft. Es weilt einer unter uns, der, in vielen Stücken an Hebbel erinnernd, einer Aufgabe wie dieser, wenigstens nach einer Seite hin, mehr gewachsen gewesen wäre. Er würde den Herodes persönlich *aus sich heraus* zu gestalten vermocht haben, weil seine südlich-leidenschaftliche Natur ihm eine Gefühls- und Ausdrucksweise gestattet hätte, die dem blond-kränklichen Sohne Dithmarsens (Hebbel) doch immer nur eine angeeignete, poetischherangewünschte war.

Wir haben bis hierher den Grundmangel des Stückes zu charakterisieren gesucht; es hat aber, neben diesem *ersten*, aus der Natur des Dichters hervorgegangenen und deshalb als unvermeidlich anzusehenden Fehler, noch einen *zweiten*, der lediglich nach der formalen Seite hin liegt und deshalb sehr wohl hinwegzukorrigieren gewesen wäre. Der Aufbau, der sonst so klar und kunstvoll ist und in mehr als einer Beziehung als meisterhaft bezeichnet werden darf, hat es, nach unserem Gefühl, doch in *einem* wichtigen Punkte versehen: die Exposition greift nicht weit genug zurück. Das Stück wirkt wie der zweite oder dritte Teil einer Trilogie; der *erste* fehlt. Dieser ist aber, wie hier die Dinge liegen, unerläßlich. Wir müssen, sei es in einem vorausgehenden Stück oder doch mindestens in einem breit ausgeführten ersten Akt, Herodes und Mariamne im Vollbesitz einer leidenschaftlichen, glücklichen und in ihrem Glück

menschlich-schön motivierten Liebe gesehen haben, um in
dem, was kommt, den ebendiese Liebe zur Voraussetzung habenden Kampf zu verstehen, der sich in dem Herzen Mariamnens vollzieht. Haben wir auch eine einzige Szene nur
miterlebt, die uns am eigenen Herzen fühlbar machte: »Sie
muß ihn lieben«, so begreifen wir, daß sie den Mord ihres Bru-
ders ignorieren, das tückisch gegen sie selbst gezückte Schwert
verzeihen und, in Erinnerung unendlichen Glückes, die Wiederkehr desselben immer nur erhoffen kann; aber dies Glück
müssen wir vorher mit Augen gesehen haben, wir müssen
Zeuge desselben gewesen sein. Dies fehlt. Das Stück setzt
gleich mit Abstoßendem ein, und auch Mariamne läßt keine
Empfindung in unserm Herzen für sich aufkommen, weil sie
sich, ziemlich von Anfang an, zu einer hochgemuteten und
opferbereiten Liebe bekennt, für die wir kein Motiv ausfindig
machen können. Einen Mörder lieben, der vorher ein Gott
war, kann selber göttlich sein; aber einen Mörder pur et simple
als solchen lieben, ist widerwärtig. Bis zur Mitte des zweiten
Aktes hat sich Herodes (übrigens darin fortfahrend) lediglich
als ein Puppenspiel- und Jahrmarktsscheusal vor unsern Augen präsentiert, und *diesem* Oger zuliebe hören wir die von
ihm selbst bereits »unter das Schwert gestellte« Mariamne den
Schwur leisten, daß sie sich töten werde, sobald die Nachricht
seines Todes bei ihr einträfe. Dies könnte, wenn wir unter dem
Eindruck eines voraufgegangenen Liebesglückes wären, groß-
artig wirken; hier aber wirkt es nur degoutant oder mindestens unverständlich. Im fünften Akt erfahren wir aus einer
Art von testamentarischer Beichte, daß ein solches Glück allerdings vorhanden gewesen sei, erfahren es aus dem Munde
derjenigen, die es am besten wissen muß, aus dem Munde
Mariamnens selbst – aber es ist zu spät. Diese Confessions können keine rückwirkende Kraft mehr üben, und in dem Momente, wo der Vorhang fällt, haben wir das Gefühl, einen an
Bildern und Sentenzen reichen, zu den mannigfachsten Betrachtungen anreizenden, aber im ganzen doch unerquick-
lichen, aus fünf Märtyrerstationen bestehenden Abend hinter

uns zu haben. Das Talent des Dichters, der nahezu ein Genie war, verleugnet sich nirgends; es ist nichts Kleines daran; man erkennt die superiore Natur. Dazu jener Fleiß und jene Liebe, ohne die auch der Beste nichts vermag. Es war nicht nur ein Recht der Königlichen Bühne, mit diesem Stücke vorzugehen, es war ihre Pflicht. Das Publikum muß erfahren, was von Neuem da ist, wär es auch nur, um sich seiner alten Besitztümer doppelt zu freuen. »Herodes und Mariamne« wird sich nicht halten; dennoch beglückwünschen wir uns, daß es erschien. Man lernt auch da und festigt sich in seinen Grundsätzen, wo man mehr ablehnen als zustimmen muß. Nur muß der Gegenstand bedeutend sein. Das ist er hier. Das Ganze: eine Schönheit, die kränkelt, und mal leiser, mal deutlicher den Zug der Verzerrung trägt.

[...]

EMANUEL GEIBEL

Brunhild

Aufführung vom 5. Juni 1872 mit Clara Ziegler als Gast

Trotz hoher Preise und des konkurrierenden »Lohengrin« im Opernhause waren alle Ränge bis auf den letzten Platz gefüllt; es war ein Wettkampf wie auf dem Isenstein; hie Wagner, hie Geibel; hie Niemann, hie Ziegler-Brunhild!

> Der Kampf war heiß; es sauste Speer um Speer,
> Bis endlich, hart mit stumpfen Schaft getroffen,
> Die Fürstin schwankt' und niederbrach ins Knie

so heißt es im Stücke. Ob auch der *gestrige* Wettkampf so verlief, stehe dahin. Herr Niemann, mit und ohne Tarnkappe, soll ein völliger Siegfried sein!

Zunächst ein Wort über die Wirkung des Stückes (»Brunhild«) von der Bühne her. Dieselbe war bedeutend. Offen gestanden zu unserer Überraschung. Während es das gewöhnliche Schicksal moderner Tragödien ist, bei der Aufführung zu verlieren, gewann diese Geibelsche Tragödie. Wir haben gesucht, uns darüber klar zu werden. Die sogenannte »schöne Sprache« ist für den Eingeweihten eine Sache von höchst zweifelhaftem Wert; das Bilderreiche, das Pomphafte, das Pathetische versagen in seinen Augen nicht nur den Dienst, sie schädigen geradezu und erzeugen in ihrer Absichtlichkeit entweder eine gewisse Verstimmung oder aber eine Wirkung, die dem ernst und feierlich Gewollten ziemlich entgegengesetzt ist. Wir müssen gestehn, daß auch die Sprache Geibels in der »Brunhild« sich von diesen Absichtlichkeiten nicht ganz frei erhält und daß uns namentlich die Art und Weise, wie der Dichter die bekannten intrikaten Stellen, das ganze Gunther-Siegfriedsche Quiproquo behandelt hat, beim *Lesen* nie hat anmuten wollen. Da wir heutzutage die für solche Situationen wünschenswerte Naivetät schlechterdings nicht mehr aufbringen können, so liegt es dem Dichter ob, eine Ausdrucksweise zu finden, in der diese Dinge auch uns wieder zu fesseln vermögen; wir müssen es aber bestreiten, daß in der *Wohlanständigkeit* diese passendste Ausdrucksweise gefunden sei. Für unser modernes Gefühl ist hier der keck-phantastische Ton, den beispielsweise Heine so meisterhaft anzuschlagen verstand, der weitaus richtigere. Er scherzt uns in das Grauen hinein; der Geibelsche Hochgang der Rede aber solennisiert uns, an einzelnen Stellen wenigstens, aus dem Ernste hinaus.

Hier haben wir die Wirkung wiedergegeben, die das Stück als *Lesestück* mehr als einmal auf uns gemacht hat. Die Bühne ließ diese Schwächen verschwinden, die »schöne Sprache« fiel, Charaktere wie Situationen traten als sie selbst, ohne Bilderflitter, ohne sprachlichen Aufputz, ja, was die Hauptsache ist, ohne Fouquéschen Balladenton an uns heran, und die Macht des überlieferten Stoffes einerseits, die Gestaltungskraft des modernen Poeten andererseits, kamen zu ihrem Recht. Man hat Geibel die dramatische Begabung absprechen wollen, das ist ungerecht; es kommt freilich darauf an, mit welcher Elle man mißt. Erfunden, aus der Seele herausgeboren, ist hier wenig; aber *gestaltet* ist viel. Von der lyrischen Vertiefung einzelner Charaktere ganz abgesehen, begegnen wir hier einer Kunst des Aufbaus, einer Klarlegung psychologischer Motive, die doch zu sehr erheblichem Teile den Dramatiker machen und ihre Wirkung auszuüben gestern *nicht* verfehlten.

Ob das Spiel des Fräulein *Ziegler* (Brunhild) den Löwenanteil an dieser Wirkung hatte, stehe dahin. Ein Wort über dieses Spiel.

Wir nehmen nichts zurück von dem, was wir, nach dem ersten diesjährigen Auftreten der Künstlerin, über die Art ihrer Kunst gesagt haben. Es ist ein chaotisches Durcheinander von Echtem und Unechtem, von Richtigem und Falschem, von Hinreißendem und Abstoßendem, von Rührendem und Verzerrtem, von Einfachem und Maßlosem, dennoch – und die gestrige Brunhild zwingt uns dies Anerkenntnis ab – ist ihr Spiel überhaupt eine *Kolossalleistung*. Es ist allerpersönlichst unsere Schwäche, aber auch unsere Stärke, uns um Doktrinen nicht allzuviel zu sorgen und in letzter Instanz den Mut zu einem einfachen Appell an unser Herz zu haben. Unser Herz aber sagt uns: hier lebt eine Kraft, die wir, über alles Kunstgesetz hinaus, ja diesem zum Trotz, in ihrer vollen subjektiven Berechtigung anerkennen müssen. Denn das Schönheitsgesetz, wenn es auch in der Kunst das höchstberechtigte ist, ist doch nicht das alleinberechtigte, und es hat zu allen Zeiten Schöpfungen in Dichtung, Plastik, Architektur gegeben, die das Höchste und Tiefste im Menschenherzen berührt haben, ohne eigentlich schön zu sein. Wir lasen noch vor wenigen Tagen in einem Reisebericht: es sei nichts Ungewöhnliches, daß unbefangene, in den Kristallpalast zu Sydenham eintretende Personen zu Tränen gerührt würden, und vor die neuen englischen Parlamentshäuser gestellt, die sozusagen von Fehlern wimmeln, würden auch wir uns durch diesen chaotischen, mit allerhand Häßlichem und Ridikülem beklebten Bau immer wieder viel mehr gefesselt, imponiert und nach oben gezogen fühlen als durch ein halbes Dutzend Schinkelsche Schönheitsbauten. Man werfe uns dabei nicht ein, daß es uns an Sinn und Verständnis für diese Dinge gebräche; dies träfe einfach nicht zu. Es fehlt uns keineswegs an dem Auge, um einzusehen, daß die »Neue Wache« schöner ist als Westminster-Palace, dennoch verschwindet jene neben diesem. Es gibt auch innerhalb der Kunst noch ein Rätselvolles, Unberechenbares, jenseits des Schönheitsgesetzes Liegendes, das, wo es in die Erscheinung tritt, unter Umständen die Kunst mehr fördert als schädigt oder, wenn dies zu viel gesagt sein sollte, wenigstens die künstlerische *Wirkung* eher mehrt als mindert. Von diesem Freiwandelndem, Elementarem, kein Gesetz als sich selbst Kennendem hat Fräulein Ziegler ihr gerüttelt und geschüttelt Maß. Es steht ihr nicht das Recht zu, dies Gesetz umzustoßen, das Gesetz *bleibt*; aber es steht ihr vielleicht das Recht zu, für *ihre Person* das Gesetz zu überschreiten. Sollten andere ihr folgen wollen, so wär es Untergang. Aber so gut wie dafür gesorgt ist, daß die Bäume nicht in den Himmel wachsen, so gut ist auch dafür gesorgt, daß das Haus Ziegler keine Deszendenten hat. Es steht auf zwei Augen. Eine Naturerscheinung, die kommt und geht.

Der Gesamtaufführung war viel Fleiß zugewandt; alle Mitspielenden taten ihr Bestes. […]

RUDOLF GOTTSCHALL

Herzog Bernhard von Weimar

Aufführung vom 14. März 1873

Nicht nur Trauerspiel, sogar *geschichtliches* Trauerspiel! So besagt der Zettel. Und warum auch nicht? Wir sehen Kürassiere und Dragoner, alte Bekannte aus »Wallensteins Lager« her, das Rautenbanner flattert im Winde, die Schärpen sind grün und weiß, Bernhard siegt, liebt und wird vergiftet, und im Hintergrunde erhebt sich ein gotischer Turm, der *vielleicht* der Turm von Alt-Breisach ist. Also warum nicht *geschichtliches* Trauerspiel?! Es gibt nun freilich eine Minorität, die das

Wesen einer Zeit nicht in Klapphut und Reiterstiefeln, sondern in mehr innerlichen Dingen sucht, aber

> Was man den Geist der Zeiten heißt,
> Ist nur der Herren eigener Geist,

und so mag denn Bernhard von Weimar schließlich noch zufrieden sein, daß er wenigstens als Rudolf Gottschall auf die
Bühne tritt. Das ganze Stück ist eine dramatisierte Turner-
und Sängerfahrt mit aufgelegtem Fäßchen und Redeprogramm.
Erste Nummer (Festrede): Gott schuf den *Deutschen* und freute
sich. Zweite Nummer: »Sie sollen ihn nicht haben.« Drittens:
»O Straßburg«. Viertens: »Die deutsche Maid« (Deklamation
unter gütiger Mitwirkung einer Blondine). Fünftens: Wiederholung der Festrede. Zu gütiger Beachtung: Rückfahrt
9½; der Zug hält bei Station Finkenkrug.

Das Stück wird noch einige Male gegeben werden und den
Leser in den Stand setzen, die Richtigkeit der Parallele zu prü-
fen, die wir gezogen haben.

Geschichtliches Trauerspiel! Unter den Gestalten des Stük-
kes ist auch *Richelieu*, natürlich mit seiner Nichte. Sie gehört
zu ihm wie die Schnupftabaksdose zu Friedrich dem Großen.
In welchen Redewendungen ergeht sich nun der Kardinal?
Er ist in lugubrer Stimmung, und einer seiner ersten Sätze
läuft auf die Mitteilung hinaus: »Ich fühl's an meinen *Nerven*.«
Dann erfahren wir weiter: seine Krankheit sei, daß er lebe,
und sein Amt sei *blutig*. Hierbei einen Augenblick verweilend,
verrät er uns auch die Beweggründe, weshalb er eigentlich um
einen *deutschen* Feldherrn werbe. Diese Beweggründe – wir
zitieren aus dem Gedächtnis – lauten etwa:

> Durch mich
> Ward Frankreich arm an Helden; nur *ein Held*
> Darf fürder noch in Frankreich sein: der König.
> So müssen wir uns Helden *borgen*.

Es war dies die Zeit, wo Turenne und Condé glänzend in ihre Laufbahn eintraten und Duquesne siegreich über die Meere fegte. Kardinal oder nicht, er war Franzose, und über keines Franzosen Lippe ist je das Wort gekommen, daß Frankreich sich seine Helden borgen müsse.

Aus derartigen Geistreichigkeiten, in denen jede Spur von historischer Wahrheit untergeht, setzt sich die ganze Rolle zusammen, die ihren Gipfelpunkt, wie billig, in den Beziehungen zur »Nichte« erreicht. Dazu ist sie da. Wir erfahren nämlich, daß der Kardinal in letzter Nacht wieder seinen »Krampf« gehabt habe und daß diese Agonien überhandnehmen würden, wenn er über kurz oder lang seine Nichte verliere. Dies führt zu Auseinandersetzungen über das Wesen seines »Krampfes«, der sich als durchaus von der höheren Ordnung erweist. In dunklen Stunden nämlich regt sich das kardinalige Gewissen, und unter Zugrundelegung der »nächtlichen Heerschau« rücken nun in langen Kolonnen die Gespenster von La Rochelle heran, hungergestorbene Hugenotten, fahlen Gesichts, verglasten Auges, und bringen den »Krampf«. Der Kardinal schreit auf. Aber machen wir ihn nicht vor der Zeit zum Gegenstande übertriebener Teilnahme. Er hat, wie wir aus seinen eigenen Mitteilungen erfahren und bereits angedeutet haben, ein Mittel dagegen gefunden: die Nichte. Ihre Intimitäten, über deren Charakter uns die Maskenballszene des nächsten Akts vollständigen Aufschluß gibt, haben noch immer den Spuk zu vertreiben gewußt. Nun gehören wir allerdings zu denen, die an Gespenster fast so aufrichtig glauben wie an Nichten, aber wir glauben nicht an ihre Kooperation, auch nicht an ihre rasche Ablösung untereinander. Hab ich mein Gespenst, so hab ich keine Nichte, und hab ich meine Nichte, so hab ich kein Gespenst. Gespenster, die in *so* bedenklicher Weise durch Nichten abgelöst werden können, sind keine Gespenster mehr. Sie versagen den Dienst, hören auf zu wirken. Das Gefühlsunwahre tritt einem an keiner Stelle so entgegen wie gerade hier. Die Gespenster Richelieus sind genauso echt wie seine Gewissensbisse.

In dem ganzen Stück nichts als Schein; nur der Johann von Werth (Herr *Karlowa*) ist eine wirkliche Figur und verrät das anderen Ortes oft bewährte Talent des Verfassers. Die Partie wurde ebensogut gespielt, wie sie gut gezeichnet ist.

Dies führt uns auf das Spiel überhaupt. Wir lassen nicht von unserem alten Satz, daß schlechte Rollen nicht gut gespielt werden können. Aus Schwachem kann der darstellende Künstler etwas machen, aus Schiefem und Unwahrem nicht. Herr *Ludwig* gab den Herzog Bernhard im Einklang mit seinen eigenen Worten: »Der *Leu* von Weimar springt auf und schüttelt seine Mähne.« Es gab Szenen, wo er ganz Leu war. In mehr als einer Beziehung hatte Richelieu recht, ihm zuzurufen: »Überlegt es in *Ruhe*.« Herr *Kahle* (Richelieu) mußte sein großes Talent mal wieder an etwas Verlorenes setzen. Auch *seine* Kunst reichte nicht aus, die Gespenster von La Rochelle lebendig und wirksam zu machen. Herr *Berndal* (Arzt Blandini) wirkte wie ein Gegengewicht gegen Herrn Ludwig. Horace Walpole, wenn wir nicht irren, sagte von der Redeweise Lord Chathams: »Alle fünf Minuten einen Kanonenschuß« – nach dieser Vorschrift wurde die Rolle gesprochen. Fräulein *Meyer* (Herzogin von Aiguillon, Nichte des Kardinals) enthäßlichte diese Partie nach Möglichkeit. Frau *Erhartt*, die typische Repräsentantin des deutschen Mädchens, konnte *dieses* deutsche Mädchen (Mathilde von Schwarzburg) nicht retten.

Mit drei Stücken, seitdem der glorreichste Krieg hinter uns liegt, ist nun nachträglich noch um *Metz*, um *Nancy* und um *Breisach* geworben worden. Welche Kluft zwischen den Taten unseres Volks und denen unserer Dichter! In jener furchtbaren Stunde, als die Garde, ihren Sturm auf St. Privat unterbrechend, deckungslos auf freiem Felde lag und nichts hörte als das Zischen der Kugeln und das Klopfen des eigenen Herzens, das in bangen und doch so tapferen Schlägen an die lothringische Erde pochte, da wurde Elsaß-Lothringen unser. Die Zucht Friedrich Wilhelms I. und der kategorische Imperativ Kants, *die* waren es, die uns Metz und Straßburg wiedererobert haben. Die Phrase hätt es nimmer getan. Wir wollen

mit ihr darob nicht rechten; aber nachdem sie nunmehr ge-
genstandslos geworden ist, muß wenigstens der Wunsch gestattet sein, sie möge sich bescheiden und das Lied von dem
deutschen Treumut und der welschen Tücke auf sich beruhen
lassen.

Wir *haben* nun Elsaß und Lothringen und können ohne
sonderliche Einbuße *eines* dafür aufgeben: unsere alte Welt-
stellung als Generalpächter der Sittlichkeit.

FELIX DAHN

Skaldenkunst

Aufführung vom 7. Oktober 1882

Das Felix Dahnsche Stück, das uns der Sonnabendabend
brachte, wirkte nach Art eines *Gelegenheitsstückes* und würde,
vor einem bestimmten Publikum und in besonderer Veranlassung gespielt, eines gefälligen Eindrucks und der aufrichtigen Zustimmung aller Geladenen nicht verfehlt haben. Mir
schwebt dabei beispielsweise ein archäologischer Kongreß
vor oder eine Versammlung in Kopenhagen tagender nordi-
scher Altertumsforscher, die, nach Erledigung des Geschäftli-
chen und Wissenschaftlichen, etwa von dem berühmten Professor *Worsaae* zu einer großen Soirée gebeten werden, mit
Adler-, Elefanten- und sogar Seraphinenorden. Zu den Dar-
bietungen des Abends gehört natürlich auch ein nordisches
»Stück« aus der Stein- oder Bronzezeit, das, von einem gefälligen Nach-Oehlenschläger gedichtet, den Zweck verfolgt,
die mit zum Kongreß gekommenen Damen zweier Genera-
tionen, Mütter und Töchter, etwas nordisch-altertümlich zu
berühren, aber doch nicht schlimm; etwa *so* nur, daß in der
vorzuführenden »minniglichen Königstochter« immer noch
die mitversammelte Professorentochter und in dem unver-
meidlichen »Skalden« immer noch *Geibel* oder *Scheffel* oder
Wilhelm Jensen erkannt werden kann. Auch den anwesenden

Großwürdenträgern auf dem Gebiete der Altertumskunde pflegt mit solcher auffrischenden Behandlung der Saga mehr gedient zu sein, als man erwarten sollte; müde von der Endlosigkeit ihrer Vormittagssitzungen, erdrückt von der Schwere der Wissenschaft (je schwerer, je dunkler), erfüllt sie gegen Abend hin nur noch der *eine* Wunsch, sich, »von allem Wissensqualm entladen«, in irgendeinem Tau gesundbaden zu können, in *irgendeinem*, und wenn es selbst der Tau der Dichtung sein müßte. Die Heiterkeit der Kunst tritt plötzlich in ihr Recht, das Spiel des Schönen wird zum Labsal auch des Gelehrtesten, des Ernstesten, und wenn ein Allergelehrtester und Allerernstester *doch* vielleicht geneigt sein sollte, seinem Dissens in gesellschaftlich unzulässigen Formen Ausdruck zu geben, so genügt, Gott sei Dank, ein Stirnrunzeln und ein bittender Blick »von gegenüber«, ihn gehorsam auf den Pfad der Pflicht und vor allem der *Bescheidung* zurückzuführen. Wissen sie doch am besten, »wie's mit Papa in aestheticis steht«, und nur er selber weiß es *noch* besser.

Ja, bei Professor Worsaae hätte das Stück gefallen, im Schauspielhause gefiel es nicht. Der Beifall, der es begleitete, stand nur auf der Höhe jenes Hurra, womit Batterien genommen werden. Jubel aus Angst.

Der Inhalt der »Skaldenkunst« läuft auf die Versicherung und gleichzeitige demonstratio ad oculos hinaus, »daß der Dichter *alles* könne«. Nach meinen in den betreffenden Kreisen gemachten Erfahrungen trifft dies aber durchaus nicht zu. Der Dichter *dichtet*, was auch gerade genug ist; im übrigen kann er in der Regel sehr wenig. In dem Felix Dahnschen Stücke wird nun freilich die besondere Kraft und Vielseitigkeit des Dichters an die bekannte Bedingung geknüpft, »daß das Gemeine, das uns alle bändigt, in wesenlosem Scheine bereits *hinter* ihm liegt«, eine schwierige Bedingung, deren durchschnittliche *Nicht*erfüllung einen Unterschied zwischen dem heutigen und dem ehemaligen Skalden etablieren mag. Aber auch der ehemalige Skalde wird in der Geltendmachung seiner dichterischen Wunderkräfte beschränkt gewesen sein,

was ich nicht bloß aus einem allgemein menschlichen Ge-
sichtspunkte, sondern auch ganz besonders noch aus der Skaldenkunst dieses speziellen Skalden *Swan* schließen möchte.
Denn alles, was seine Skaldenkunst leistet, fällt im wesentlichen unter die Worte: »*Das* war kein Heldenstück, Octavio.«
Wenn ich die Felix Dahnsche »Skaldenkunst« bis hierher
ein Gelegenheitsstück nannte, so darf ich es mit gleichem
Recht auch ein *Verkleidungs*stück nennen. Es ist die neue Zeit,
die sich darin als alte verkleidet. Erstens und im ganzen bin ich
überhaupt nicht für ein solches Verfahren. »Suum cuique« –
das gilt auch von den Zeiten. Es ist gut, einer jeden Zeit das
ihre zu lassen, ihr nach Möglichkeit *ihren* Stempel zu geben
und nicht einen andern. Das ist Paragraph 1. Aber in Paragraph 2 statuier ich sofort den Ausnahmefall und will mir den
Verkleidungsprozeß gefallen lassen, *wenn er danach ist*. Der
Verkleidungsprozeß in dieser »Skaldenkunst« ist aber *nicht* danach. Das Stück will, um es zu wiederholen, das Dichtertum
als solches verherrlichen. Dagegen ließe sich aus dem Prinzip
heraus nichts Erhebliches sagen. In der Tat, wer so hoch und
edel und unselbstisch geartet ist, daß er, als Dichter, in der
Verherrlichung des Dichtertums sein *Ich* vergessen und das,
was ihm als Eigenstes geworden, auch wieder als ein unmittelbar von den Göttern stammendes *Fremdes* betrachten kann,
als ein Fremdes, das, hier auf Erden erschienen, nicht aus dem
Ich, sondern aus der Fülle des Göttlichen heraus seine Wun-
der wirkt, wer *so* geartet ist, der darf sich solcher und ähn-
licher Aufgaben unterziehen. Von dem Augenblick an aber,
wo die Dichterverherrlichung zugleich zur Selbstbespiege-
lung wird, ist der Zauber hin und mit dem Zauber auch das
Recht. In der »Skaldenkunst« Felix Dahns vermiß ich jenes
Wandeln auf lichter Ätherhöhe, zu deren *Füßen* das Irdische,
das Selbstische liegt; ich höre nicht das Hohelied einer das
Göttliche feiernden Apotheose, sondern nur das Couplet der
Metier-Verherrlichung; ich höre nicht den Hymnus auf die
Seher, Sibyllen und Propheten, sondern nur den Hymnus auf
Felix Dahn. Es ist zuviel Ich, zuviel Allerpersönlichstes in

dem Stück, und wenn auch zuzugeben ist, daß die Kraft und
Wärme der Empfindung oft solchem Allerpersönlichsten ent-
stammt, so kann ich doch *den* Fall, den die »Skaldenkunst«
bietet, diesen Fällen nicht zuzählen. »Man merkt die Absicht,
und man wird verstimmt.« – Daß es dem Stück im einzelnen
nicht an Schönheiten fehlt, braucht, einem Felix Dahn gegenüber, nicht erst versichert zu werden. Die Diktion ist
knapp und klar, sentenziös und ohne falschen Bilderschmuck,
große Vorzüge, mittelst deren es möglich war, dem Bühnen-
vortrage von Zeile zu Zeile folgen zu können. Und ebendiese
Vorzüge sind es auch, die das Stück, all seiner Schwächen und
Unzulänglichkeiten unerachtet, *doch* in die höhere Gattung
einreihen, und zwar nicht nur dem Gewollten, sondern auch
vielfach dem Erreichten nach.
[...]

ERNST VON WILDENBRUCH
Opfer um Opfer

Aufführung vom 9. Dezember 1882

Im Winter 1839, wenn ich nicht irre, wurden Immermanns
»Opfer des Schweigens« aufgeführt. Am anderen Tage stand
in einer Zeitung: »*Immermanns Opfer des Schweigens* fielen gestern abend als Opfer des Schweigens.« Ein Gleiches wird sich
von Wildenbruchs »Opfer um Opfer« nicht sagen lassen; das
neue Stück fiel nicht als Opfer des Schweigens, aber vielleicht
fällt es als Opfer des Lärms. Es ist mir nämlich fraglich, ob das
Publikum auf die Dauer geneigt sein wird, sich diese begeiste-
rungsgeborne Lärmform des Beifalls gefallen zu lassen. Sie ruft
einfach den Widerspruch wach, selbst den Widerspruch der
Mildesten und Wohlgesinntesten. »Was zu toll ist, ist zu toll«,
sagt das Sprichwort, oder auch »Gott bewahre mich vor meinen Freunden«.
    Aber was ist es nun mit diesem »Opfer um Opfer«? Nie-
mand, der auch nur den Zettel vorher gelesen hatte, wird dar-

über einen Augenblick in Zweifel gewesen sein. Auf dem
Zettel heißt es nämlich, und zwar gleich an der Spitze desselben: »Hedwig und Christine, Töchter des verstorbenen
Professors Roßlau: Frau *Kahle-Keßler*, Fräulein *Meyer*, und
Naturforscher Wernshausen: Herr *Ludwig*.« Für jeden mit der
Theatersprache nur einigermaßen Vertrauten heißt dies etwa
das Folgende: »Herr Ludwig wird von Frau Kahle-Keßler
und Fräulein Meyer um die Wette geliebt werden, gibt in
dieser schwierigen Lage mutmaßlich Fräulein Meyer den Vorzug, verlobt sich aber nichtsdestoweniger, nach von Fräulein
Meyer dargebrachtem Opfer (Opfer 1), mit Frau Kahle-Keßler, bis diese wahrnimmt: »Es geht nicht«, und das Fräulein
Meyer-Opfer mit einem Frau Kahle-Keßler-Opfer (Opfer 2)
beantwortet. Opfer um Opfer.

Und in der Tat, im Einklange hiermit verläuft das Stück.
Eine ältere Schwester verzichtet zugunsten der jüngeren, die
vorher, ihrerseits, zugunsten der älteren verzichten wollte. Das
ist Theaterurstoff, ein Saurier aus der Epoche der Liasforma-
tion, womit übrigens kein Tadel ausgesprochen sein soll. Im
Gegenteil, die besten Stoffe sind die alten, ja sogar die ganz
alten. Alles Kranke, sei's in Leben oder Kunst, fällt bald ab,
aber das Gesunde hält sich, und die bloße Tatsache der Lang-
lebigkeit oder des von Anfang an Dagewesenseins ist ein Beweis für Tüchtigkeit und Berechtigtheit. Und so bin ich denn
weitab davon, einem solchen Urstoff als solchem den Krieg
erklären zu wollen; alles hängt vielmehr davon ab, wie sich
dieser Urstoff mir vorführt. Ist er glücklich in der Wahl seines
neuen Kleides, so heiß ich ihn willkommen, ist er *nicht* glücklich, so *nicht*. Und wenn ich jemals einer falschen Garnitur
begegnet bin, so hier. Der dichterische »Capitaine d'armes«
hat denn doch in diesem seinem Stück in seine »Kompanie-
kammer« hinein einen Fehlgriff getan, der alles früher auf diesem Gebiete Geleistete weit in den Schatten stellt.

Es zu beweisen, ist schwer und – leicht. Zunächst schwer.
Schwer deshalb, weil sich der Inhalt, dies Corpus delicti, mit
Hilfe der mir zu Gebote stehenden Mittel nicht vorführen

läßt. In früheren Jahren, als Lindau noch allwöchentlich eine Theaterkritik schrieb, die mir dann jeden Sonnabend meinen Morgenkaffee verherrlichte, hing ich an nichts mit so viel Bewunderung wie an seiner Wiedergabe des jedesmaligen *Inhalts* der Stücke. Selbst dem verzwicktesten und dann wieder sprunghaftesten Vorgehen des Dichters vermocht er zu folgen, das Unklare klarzulegen und Brücken zu bauen, die der Herr Verfasser leider vergessen hatte. Der reine Pontifex maximus. Er bezwang jede Konfusion, und Lustspiele, die mir nur als ein farbenbunter und vielleicht auch farbenamüsanter, aber jedenfalls doch als ein total verfitzter Teppich erschienen waren, wußt er so geschickt zu kämmen, daß ich nachträglich das Muster deutlich erkennen konnte, viel deutlicher, als es im Stücke selber gewesen war. Aber ob er auch »Opfer um Opfer« bezwungen hätte? *Mir* wenigstens will es zweifelhaft erscheinen, und wenn von Mohammed gesagt worden ist, er habe die Kraft von dreißig Männern gehabt, so möcht ich diesem »Opfer um Opfer« gegenüber behaupten dürfen, es erfordere die Kraft von dreißig Lindaus, den Inhalt desselben korrekt und zugleich auch verständlich wiederzugeben. Über solche Kraft verfüg ich nicht, und so verzicht ich denn auf eine Beweisführung, die mir für meine Verhältnisse zu schwer ist.

Aber, Gott sei Dank, die zweite Beweisführung ist desto leichter und heißt einfach: »Ein Parkettbillett«. Man komme, seh und staune. Die Gelegenheit dazu wird mit Hilfe der nächsten Woche, die drei weitere Vorstellungen in Aussicht stellt, reichlich geboten. Wen dann das *Stück selbst* nicht überzeugt, den werd *ich* auch nicht überzeugen. Denn die Dinge geben sich hier so stark aufgetragen, so haarsträubend unwahr, so tamerlanisch willkürlich, daß jeder, der den Beweis absoluter Unzulässigkeit dem Stücke selbst zu entnehmen *nicht* imstande ist, entweder nicht sehen *kann* oder nicht sehen *will*. Und zu nutzloser Mohrenwäsche hab ich keinen Beruf. Ob die Mohren selbst, als bloße »Nichtkönnende« von der Ost- oder als »Nichtwollende« von der schlimmeren Westküste von Afrika (Dahomey) sind, macht schließlich wenig Unterschied.

Auf eines bleibt mir noch hinzuweisen übrig, auf das komische Liebespaar: Diener Windeband (Herr Vollmer) und Dienstmädchen Rieke (Fräulein Bergmann). Ob es zulässig war, dem ernsten Stücke dies burleske Widerspiel in solchem *Ton* und solcher *Breite* zu geben, laß ich dahingestellt sein; mir persönlich wollt es als ein Verstoß gegen das Stilgesetz erscheinen. Aber dieser Tadel, wenn er begründet ist, trifft nur die *Deplaciertheit* der genannten Figuren, *nicht* die Figuren selbst. Diese, wenn aus dem Rahmen des Stückes herausgelöst, fand ich vielmehr vortrefflich, so gut, daß ich die Vermutung aussprechen möchte: der Lorbeer, nach dem der Herr Verfasser auf dem Gebiete des höheren Schauspiels bzw. der Tragödie seine Hand vergeblich ausstreckt, muß ihm auf diesem, die Posse streifenden Lustspielgebiete wie von selber zufallen. Und das wäre nichts Kleines, äußerlich angesehn sogar ein Großes. Sein Talent ist, wie bei Hugo Bürger, auf die herausgetüftelte Wirkung der aus dem Zusammenhang gerissenen, ihr eignes Leben führenden Einzelszene gestellt. Für Stoffe wie »Harold« oder »Opfer um Opfer« erweist sich dies als absolut unausreichend; aber von einem scharfen Sinn für Humor und komische Situation unterstützt, reicht diese Begabung für *das* aus, was ich das Gustav v. Mosersche Lustspiel nennen möchte, das Gustav v. Mosersche Lustspiel, das ich mich, wenn es mich nur *amüsiert*, unter Beiseiteschiebung aller kritischen Bedenken längst gewöhnt habe, voll Dankbarkeit gegen den Verfasser hinzunehmen. Aber Hoch und Niedrig hat eben sein verschieden Maß und Gesetz, und so weit sind wir noch nicht, daß nach der in der Untersphäre vielleicht vollkommen zulässigen Anschauung: »Es braucht nicht zu stimmen, wenn es nur *wirkt*«, auch die Schöpfungen aus der Obersphäre der Kunst gestaltet werden dürften.

Gespielt wurde herkömmlich, was durch das Herkömmliche der Rollen bedingt oder doch wenigstens entschuldigt wurde. Von seiten des Dichters geübte Willkür in Sprach- und Han-

delweise reicht eben noch lange nicht aus, aus einer Theater-
alltagsfigur ein Original zu machen. [...]

   »Opfer um Opfer« – es ließe sich, unter Anlehnung an die-
sen Titel, allerhand orakeln und prophezeien. Ich verzichte
jedoch darauf und gebe zum Schlusse nur noch einmal meiner
Überzeugung Ausdruck, daß auf der schiefen Ebene, die »Ha-
rold« hieß, ein rascherer Rutsch stattgefunden hat, als ich vor
Jahresfrist erwartete. Dieser »rasche Rutsch auf der schiefen
Ebene« drückt aber die *Vehemenz* des Fortschritts in die Tiefe
hinein nur sehr unvollkommen aus. In Wahrheit ist Ernst von
Wildenbruchs dramatisches Talent eine dreimal überheizte
Lokomotive, die, bremserlos, über ein Geleise mit falscher
Weichenstellung hinjagt. Der Krach ist unausbleiblich. »Ha-
rold« genierte mich noch, weil ich noch zwischen meinem
Respekt vor einem auf guten Glauben hin übernommenen
Dichter und meiner innersten Auflehnung gegen sein Werk
zu vermitteln hatte; »Opfer um Opfer« aber geniert mich *nicht*
mehr. Unsicherheits- und Schwankezustände sind peinlich,
und jeder, der sein Kritikermetier nur einigermaßen ehrlich
treibt, wird in der Nacht, »die der Lützener Aktion vorher-
geht«, und mehr noch in *der*, die folgt, hundertfältig von der
Angst gequält worden sein, ob er dem Betreffenden nicht
doch vielleicht Unrecht getan habe. Mir persönlich wenigstens
ist das Angstgefühl nur selten erspart geblieben. *Hier* aber war
ein Ausnahmefall gegeben, und mit einer wahren Trikoteu-
sen-Ruhe hab ich, während ich zugleich das »Verfahren ein-
leitete«, meinen kritischen Strumpf gestrickt.

ERNST VON WILDENBRUCH
Die Quitzows

Aufführung vom 9. November 1888

I

Der gestrige (Freitag) Abend brachte das neue vaterländische Drama Ernst von Wildenbruchs »Die Quitzows« und wurde, wenn auch nicht ganz unbestritten, seitens des erwartungsvollen Publikums mit außerordentlicher Begeisterung aufgenommen. Die Kritik im allgemeinen wird vieles zu beanstanden haben und sich dieser Begeisterung nur sehr bedingungsweise anschließen, die *meinige* streckt aber die Waffen und erklärt sich freudig für überwunden. Dies neueste Stück vereinigt, bei fast totalem Wegfall der oft hervorgehobenen Mängel, nicht nur alle jene Tugenden, die selbst von dem Widerstrebendsten der Wildenbruchschen Muse zugestanden wurden, es ist auch, was unendlich viel mehr bedeutet, schlankweg ein Genialitätsstück. Das Stück Genie, nach dem ich mich, wenn ich Wildenbruchsches sah, sieben Jahre lang vergeblich umgesehen habe, *hier* ist es; nach meinem Dafürhalten zum erstenmal, aber nun auch mit erobernder Gewalt. Das ist ein Stück, wie's sein soll, ein Stück außerhalb der Schablone, vielmehr umgekehrt von Anfang bis Ende in seinen eigenen Stiefeln stehend. Von Schuhen läßt sich hier nicht sprechen. Es ist ein Ding für sich. Alles andere, was ich von Ernst von Wildenbruch kenne, wird über kurz oder lang weggefegt sein, *dies* aber wird bleiben, denn es ist in seinem Kerne voll Wahrheit und Leben, zugleich, auf seine Tendenz hin angesehn, voll erhebender Schönheit. Und um dieser seiner Vorzüge willen paßt es überall hin, so daß ich denen nicht zustimmen kann, die geneigt sind, bloß von einem Berliner oder höchstens von einem brandenburgischen Stücke zu sprechen. Nein, es ist ein *deutsches* Stück, das als solches weit über die Territorien zwischen Havel und Spree hinaus seinen Siegeszug machen und alle partikularistischen Gefühle – wohin vor allem auch der *Provinzial*partikularismus unserer altpreußischen Provinzen gehört – siegreich überwinden wird. Denn neben vielem anderen ist es auch eminent ein *Spielstück*, dem glücklicherweise die Besetzung in den meisten Rollen gerecht geworden war, ganz besonders in der Rolle des Dietrich von Quitzow. Sie war eine Meisterleistung des Herrn *Mitterwurzer*, der hier freilich ganz anders am Platze stand wie als Conrad Bolz. Eine Begabungsverteilung, die er sich gefallen lassen kann. Wäre die Schlußhälfte des vierten (Schluß-) Aktes besser, vollzöge sich der Ausgang beider Quitzows, des Dietrich wie des Konrad, minder melodramatisch und gäbe sich statt dessen in jenem großen, einfachen, knappen Stil, der den zweiten Akt charakterisiert und zu etwas geradezu Einzigem in seiner Art macht, so hätten wir ein unsere Nationalliteratur bereicherndes Stück und vielleicht sogar ein Stück, in dem Zukunftskeime ruhen.

II

Ich war kein Wildenbruchianer, zum Leidwesen vieler, besonders zweier, des einen mutmaßlich, des andern gewiß. Der eine war Wildenbruch, der andere war ich. Ich hätte mitunter was darum gegeben, ihn mitfeiern zu können; aber es verbot sich. Die Kritik steht mitunter auch in Worms und »kann nicht anders«. Aber auch in meiner dem Dichter abgeneigtesten Zeit, ungefähr also in der Zeit, wo seine »Karolinger« zur Aufführung kamen, existierten zwei Sachen von ihm, die mich entzückt hatten: eine Berliner Humoreske »Das Opfer des Berufs« und eine märkische, zu Frankfurt a. d. O. spielende Novelle, die den Titel führte: »Kindertränen«. Beiden weinte ich selbst meine Tränen nach oder begleitete sie damit und hatte Lachetränen für die Berliner Humoreske und Rührungstränen für die märkische Novelle. Und da reichen wohl nicht hundert Male, daß ich, wenn ich eben erst mit dem Ersten Bürger im Faust ausgerufen hatte: »Nein, er gefällt mir nicht, der neue Burgemeister!«, mit dem Studenten Brander im Auerbachschen Keller hinzusetzte: »Doch seine Weine trink ich gern.« Diese Weine waren nun für mich jene Humoreske und jene Novelle, und beide hat Wildenbruch jetzt in diesem seinem neusten Stück zusammengegossen und dadurch eine Bowle hergestellt, die man ihrem Range nach ohne weiteres als Kardinal bezeichnen kann. Und dieser Kardinal heißt: »Die Quitzows«.

Ich habe heute früh in einer Vornotiz dies neue Wildenbruchsche Stück ein Genialitätsstück genannt. Und das ist es. Es ist kein Stück der absoluten Vortrefflichkeit, es wimmelt von angreifbaren und noch mehr von aus den verschiedensten Gründen in Frage zu stellenden Stellen, es hat auch – wenigstens in seiner die ganze zweite Hälfte des vierten Aktes füllenden Schlußszene – den alten Wildenbruchschen Fluch, die Phrase, mit ihrem natürlichen Anhang von Gesuchtheit und Forciertheit, nicht voll überwunden; aber all das sind schließlich doch nur obenauf schwimmende Korkkrümelchen, die sich entweder leicht hinwegtun lassen, und wenn *nicht*, doch viel zu geringfügig sind, den Geschmack zu verderben oder dem Ganzen etwas von seiner belebenden Kraft zu nehmen. Ein kühner Realismus, nur hier und da (und dann jedesmal ganz überflüssigerweise) mit einem abgestandenen Romantizismus untermischt, zieht sich nicht bloß durch das ganze Stück, sondern *trägt* es recht eigentlich, und so drängt sich einem wie von selbst ein Vergleich mit jener gerade jetzt mit Wildenbruch konkurrierenden anderen realistischen Bühnenmacht auf, mit *Ibsen*. In allem, was künstlerische Durchbildung seines Stoffes, was Kritik und Geschmack, was Konsequenz und Akkuratesse der Arbeit angeht, ist Ibsen ein Riese neben Wildenbruch; die Vollendetheit der Form wirkt bei dem norwegischen Dichter hinreißend, und das rein Künstlerische feiert einen vollkommenen Triumph in ihm. Der Inhalt, ähnlich wie bei Platenschen Oden oder Hexametern, wird relativ gleichgültig. Von dieser Vollendung ist Wildenbruch weitab und wird mutmaßlich immer weitab bleiben, aber er offenbart andererseits in diesem Stück einen dramatischen Instinkt, eine Findigkeit, eine Kühnheit glücklichster Griffe, die die grandiose Kunst Ibsens (den Akzent auf *Kunst* gelegt) doch wiederum mannigfach in den Schatten stellen. Dazu gesellt sich noch, und zwar hier zum ersten Male, die größte der dramatischen Gaben: die Fähigkeit des Hinstellens klar und bestimmt gezeichneter Gestalten, die gerade da, wo sie sich am bedeutendsten zeigen, eine lapidare Simplizitätssprache sprechen, eine Sprache, die den Vergleich mit den berühmtesten Vorbildern nicht zu scheuen hat und in einem merkwürdigen Widerspruche zu dem schön und mitunter sogar konfus Redensartlichen steht, wovon auch »Die Quitzows« an ihren weniger gelungenen Stellen nicht frei sind. [...]

IV

»ICH DANKE FÜR OBST!«

Berliner Theateralltag

CHARLOTTE BIRCH-PFEIFFER
Mutter und Sohn

Aufführung vom 11. Oktober 1872

Dies alte Kassenstück – unter anderem auch in *dem* Sinne, daß es mit einem kleinen Kassendiebstahl beginnt – weist glücklich-unglücklicherweise drei, vier sogenannte dankbare Rollen auf, so daß die Aussicht schwach ist, diese Birch-Pfeiffersche Hinterlassenschaft über kurz oder lang von der Bühne verschwinden zu sehen. Es ist, zumal in seinem zweiaktigen Vorspiel, ein wirklich schlimmes Stück, ein arger, ästhetischer Verstoß, und eine Wendung Saphirs, der wir vor einigen Tagen in einem Zeitungsblatt begegneten: als sanfteste Todesart empföhle es sich, sich einen Band Tromlitz durch den Kopf zu jagen, möchten wir auf die fünf Akte von »Mutter und Sohn« nicht so ohne weiteres anwenden. Fünf *solche* Kugeln tun weh. [...]

CHARLOTTE BIRCH-PFEIFFER
Auf dem Oberhof oder Kaiser Karls Schwert

Aufführung vom 7. November 1872

Alles hat seine Zeit, und wenn es irgend etwas gibt, das berufen ist, *keine* Ausnahme von dieser Regel zu machen, so ist es unsere »gute, alte Birch«. Ilion sank, auch Hinko und Pfefferrösel. Laßt die Toten ihre Toten begraben. Wir haben nie zu denen gehört, die der alten Bühnenbeherrscherin ihre Herrschaft beneidet oder ihr aus ihrer Machtstellung einen Vorwurf gemacht haben. Sie hatte ihre offenbaren Verdienste, im einen wie im andren Sinne; sie verstand ihre Sache; und

vieles Schlimme soll ihr vergeben sein; aber *nicht* zu vergeben
ist es, diesen »Oberhof« etwa wie den »Sturm« oder das »Win-
termärchen« angesehn und die Betrachtung daran geknüpft
zu haben: »Diese Hinterlassenschaft gehört dem deutschen
Volke.« *Wen* die Schuld trifft, wissen wir nicht. Das Anden-
ken der Frau Birch hat diesem Freundeseifer jedenfalls wenig
Dank zu zollen. Der »Oberhof« ist ein Vorstadtstück. Die Li-
nien sind wie mit einem Regenschirm in den Sand gezeichnet; das Kolorit ist das eines Bilderbogens, wo das Baumgrün
sich über die Köpfe und das Grasgrün über die Stiefel ergießt.
Vor seebefahrenen Matrosen, die eben von den Karibischen
Inseln heimkehren, kann dergleichen mit Aussicht auf Erfolg
gegeben werden; vor einem Publikum, wie es sich bei ersten
Aufführungen in unserm Schauspielhause zu versammeln
pflegt, verfällt es der Lächerlichkeit. Der Leierkasper, der eigentliche Held des Stücks, steht auf der tragischen Höhe des
Suppenkasper. Doch geben wir diesem letzteren den Vorzug.
Den, dem Immermannschen »Münchhausen« entnommenen
Stoff an dieser Stelle wiederzugeben, wäre kaum geraten. Abgesehen davon, daß der eben genannte Roman zu unsern
gekanntesten Büchern zählt, würde doch auch eine knappe
Skizzierung des Inhalts wenig imstande sein, das Urteil zu
rechtfertigen, das wir eingangs abgeben zu müssen geglaubt
haben. Eine einfache Wiedergabe der Hergänge würde nur die
ursprünglich vorhandene dramatische Gewalt einzelner Szenen
in den Vordergrund stellen. Woran das Stück scheiterte, scheitern *mußte*, das steht nur insoweit in einem Zusammenhange
mit dem Stoffe, als *gerade* das Große und Poetische auch aus
einem poetischen Herzen heraus gestaltet und das Schwert
Caroli Magni oder die zum Mord sich erhebende Axt nur mit
einem gewissen romantischen Grausen in die Hand genommen werden muß. Wer nicht selber zittert bei Niederschrei-
bung solcher Szene, wessen Auge nicht den visionären Dolch
Macbeths, sondern immer nur die papperne Theateraxt vor
Augen hat, der bleibe fern von diesen Dingen, der halte sich
auf der Heerstraße des alltäglichen Lebens. Das Erhabene zu

behandeln, erheischt eine entsprechende Naturanlage, fehlt diese, so geschieht der bekannte eine Schritt, der gestern an mehr denn einer Stelle dem romantischen Schauspiel das Ansehn oder doch die Wirkung einer Posse gab. Unbegreiflichkeiten seitens der Regie trugen das ihrige dazu bei. Harmlose, unbeabsichtigte, aber ebendadurch in ihrer Komik nur gesteigerte Zweideutigkeiten jagten sich wie bei einem Kirchturmrennen, und der arme Herr *Goritz*, der, persönlich unverschuldet, die Heiterkeit des Publikums über sich hereinbrechen fühlte, war in einer Lage, die einen Stein erbarmen konnte. Warum wurden solche Stellen nicht gestrichen? Kein Publikum hält dergleichen aus, am wenigsten das unsere. Ist es eine Hamlet-Zeile, so mag man sie als ein poetisches Noli me tangere ansehen und dem Publikum eine Beherrschung seiner aufsteigenden Lachlust zumuten, aber ein sakrosankter Birch-Pfeifferscher Dialog ist den deutschen Bühnen schwerlich hinterlassen worden.

[...]

CHARLOTTE BIRCH-PFEIFFER

Rose und Röschen

Aufführung vom 11. September 1877
mit Antonie Baumeister vom Kaiserlichen Theater
in St. Petersburg als Gast

[...]

Das Stück selbst machte, trotz seiner *einen* hübschen Szene (im zweiten Akt) wieder den allertraurigsten Eindruck, und von dem Spiel ist im großen und ganzen nicht viel was Besseres zu sagen. Es ist eine Tortur, dergleichen drei Stunden lang aushalten zu müssen, und das achselzuckende »C'est mon métier«, das die Franzosen in solchen Fällen haben, ist ein schwacher Trost. Das »Metier« kann ja auch erfreulich sein. Jedenfalls hatte der beurlaubte Herr Liedtcke, der dadurch um die Mitwirkung in dieser Trauerkomödie kam, das »bessere Teil« erwählt. Der Gedanke ist geradezu beängstigend, daß

vielleicht ein abermaliges Gastspiel, um die durch Frau Haases
Rücktritt erfolgte Lücke auszufüllen, zu erneuter Galvanisie-
rung von »Rose und Röschen« führt. Wenn es sein kann, nichts
mehr aus diesem Rosengarten.

CHARLOTTE BIRCH-PFEIFFER
Ein Kind des Glücks

Aufführung vom 11. Juni 1881

Was schon zu den Lebzeiten der Birch, aller Spötterei zum
Trotz, von Unbefangenen wieder und wieder anerkannt
wurde, daß sie viel talentvoller sei als ihre vornehm auf sie
niederblickenden Gegner, das haben die seit ihrem Tode ver-
flossenen Jahre bestätigt. Was lebt denn noch aus den drei-
ßiger und vierziger Jahren? Die Birch und Benedix und Benedix und die Birch. Ihre Stücke sind viel weniger veraltet als
beispielsweise die Bauernfeldschen, und selbst Gutzkow und
Laube, denen im einzelnen, also beispielsweis an ein paar
Stellen im »Uriel Acosta« und in den »Karlsschülern«, ein
Übergewicht zuzugestehen ist, treten im ganzen hinter die
Birch zurück. Ihre, der Birch, natürliche dramatische Begabung war größer, und was sich bei Gutzkow in allerhand su-
perioren Allüren über sie zu erheben scheint, darf man sich
nicht genau ansehen. Die Birch hat keine »schöne Sprache«,
aber die »*nicht*-schöne Sprache« ist lange nicht das Schlimmste.

Dies »Ein Kind des Glücks« war mir unbekannt und hat
mich durch seine guten Qualitäten, obschon ich etwas Büh-
nentüchtiges erwartete, doch noch wieder überrascht. Es ist *so*
gut, vor allem aber in der Rolle der Hermance *so* dankbar für
jede geniale Darstellerin des Naiven, daß ich verwundert bin,
es nicht in der Reihe der ständigen Repertoirestücke zu
sehen. Ein paar kleine Längen abgerechnet, aber leicht zu be-
seitigende und nicht mehr als zwei oder drei, find ich alles geradezu vortrefflich. Es unterhält von Anfang an, es erheitert

und rührt, und alles das ohne Anwendung falscher Mittel. Es ist gut in den Charakteren, gut in Motivierung und Aufbau, dabei durchweg liebenswürdig, und selbst die gewagte Stelle, die den Konflikt heraufbeschwört und insoweit der *Keim* des Stückes überhaupt ist, selbst diese gewagte Stelle ist minder gewagt, als sie manchem erscheinen mag. Ich halte diese Form poetischer *Trotzköpfigkeit* für ebenso wahr wie berechtigt. Eine junge Pensionärin, Enkelin einer Herzogin von Chateaurenard, ist bei einem Gartenrendezvous mit einem jungen Manne betroffen worden. In Wahrheit trat sie, im Moment der Entscheidung, nur aus einem Baumversteck hervor und rettete dadurch eine Freundin, die das Stelldichein gehabt hatte. Nun wird sie verklagt und hat sich vor ihrer Großmama, der Herzogin, zu verantworten. Sie könnte gleich die Wahrheit sagen, alles aufdecken; dies wäre nicht nur das Landläufigste, sondern auch das Natürlichste; sie tut es aber nicht, weil sie glaubt und ihrem Charakter, ihrer Verwöhnung und ihrer Unschuld nach auch glauben *darf,* daß die Versicherung »Ich bin unschuldig« alles ausgleichen wird. Aber sie irrt in dieser Voraussetzung und sieht sich nun plötzlich einer bis dahin nicht gekannten Autorität, einem herben Gehorsamsforderungzwang gegenüber. Und nun *erst* erwacht der Trotz. Was sie vorher freimütig hätte bekennen können, *jetzt* kann sie's nicht mehr, und je gefährlicher die Situation wird, um so *weniger* kann sie's, denn sie hat ein mutiges und edles Herz, das alles ertragen kann, nur nicht Zwang. Und aus dieser Situation erwächst alles Weitere. Die zweite Hälfte des Stücks ist weniger wirksam, aber wiewohl das Interesse nachläßt, erlahmt es doch nirgends und lebt in einzelnen Szenen bis zu seiner früheren Höhe wieder auf. So zu Beginn des fünften Aktes in der wundervollen Szene zwischen der Herzogin und dem gütigen Abbé. Beiläufig eine wahre Herzstärkung, mal einem Bühnenschwarzrock zu begegnen, der kein Heuchler, Intrigant oder sonstiges Scheusal ist. Die schönste Szene des Stückes aber, eine Szene, um die man die Birch beneiden könnte, so poetisch gelungen ist sie, ist *die,* wo

Hermance bei ihrer alten Amme Caton Zuflucht sucht, sich vor diese hinstellt, ihr alles erzählt und dann sagt: »Und nun sage mir, Caton, wenn du hörtest, ich sei mit einem jungen Manne gesehen worden, und ich sagte dir: Ich kenne den jungen Mann nicht, ich kenne nicht einmal seinen Namen; ich gestehe, der Schein spricht gegen mich, aber ich *bin unschuldig* – würdest du mir glauben?« Abgesehen von der bedeutenden dramatischen Wirksamkeit dieser Szene, spricht sich in ihr auch eine große *psychologische* Feinheit aus. In Hermances Herzen leben Zweifel, ob sie nicht *doch* zu weit gegangen sei? Nun erst, wo sie das Zugeständnis der alten, treuen, trefflichen Amme hat: »Ja, Kind, ich würde dir glauben«, nun erst weiß sie ganz bestimmt, daß sie nicht zuviel gefordert hat und daß auch die Großmutter die Pflicht gehabt hätte, ihr zu vertrauen.

[...]

RODERICH BENEDIX

Gegenüber

Aufführung vom 23. Januar 1874

In einer biographischen Skizze, die bald nach dem Tode Benedix' erschien, begegneten wir der Bemerkung, daß der Heimgegangene, bei sonst heiterer Beanlagung, doch beständig einen Unmut darüber empfunden habe, nicht nach seinem vollen Werte geschätzt und – honoriert worden zu sein. Und, sprechen wir es aus, bei der gestrigen Aufführung seines Lustspiels »Gegenüber« empfanden wir es wiederum aufs lebhafteste, daß er, wenn je ein Dichter, zu diesem Unmute voll berechtigt war. Er wußte gewiß so gut wie einer, daß »Störenfried« und »Aschenbrödel« nicht die höchsten Aufgaben der Kunst erfüllen; aber gerade deshalb, weil sie *nicht* ein Höchstes repräsentierten, weil sie lediglich gefällig und angenehm und unterhaltlich waren, weil sie zerstreuten, erheiterten, wohltaten, ohne an Herz und Hirn ernsthafte und deshalb unbequeme Anforderungen zu stellen, gerade *deshalb* war er berechtigt, sich geborgener, gehätschelter, vor allem auch belohnter sehen zu wollen. Er hat nicht nur, wie kein anderer, den deutschen Ton getroffen, er hat uns auch ebendadurch, *daß* er diesen Ton und mit ihm zugleich unser Herz traf, den Beweis geführt, daß ein vom Französischen losgelöstes, ehebruchsloses Lustspiel sehr wohl möglich ist. Und so hat er denn geradezu eine nationale Bedeutung für uns, die über seine eigenen Tage hinaus fortwirken muß, indem es möglich sein wird, allezeit mit dem Bemerken auf ihn hinzuweisen: *Das* war der Weg. All das wußte er – jeder weiß am Ende, was er wert ist –, und eine leise Verstimmung mußte ihn überkommen, wenn er auf den Lebensgang Scribes und des älteren Dumas hinsah. Mancher wird hier lächelnd antworten: Er war eben weder der eine noch der andere. Allerdings nicht, aber er war *Benedix* und hat als solcher das deutsche Leben ebenso charakteristisch wiedergegeben wie jene das französische. Wer will behaupten, daß Ludwig Richter hinter Gustav Doré zurückstehe? Aber wir stecken noch viel zu tief in der Anschauung: weil es anders ist, darum ist es schlechter.

[...]

GUSTAV ZU PUTLITZ

Die Idealisten

Aufführung vom 8. November 1881

In des Albertus Magnus großem Werk »Über das Tierreich« fand ich einmal folgende Stelle: »Von Eulen in Island«, und der Text zu dieser Kapitelüberschrift lautete kurz dahin: »Island hat keine Eulen.« An diese isländischen Eulen wurd ich am Dienstagabend durch die Putlitzschen »Idealisten« erinnert und machte meinerseits die Kapitelüberschrift: Die Idealisten in den »Idealisten«. Und gleich danach auch den Text dazu: Die »Idealisten« haben keine Idealisten.

Ja, haben sie *wirklich* keine? Die Beantwortung hängt schließlich von der Vorfrage ab: Was *sind* Idealisten? Es gibt eben

allerlei Sorten, namentlich in Deutschland, und eines ganz bestimmten Idealisten entsinn ich mich beispielsweis aus nach-
stehender Geschichte. Besagter Idealist hatte nämlich, wie zur
Legitimierung seiner selbst, ein philosophisches Buch geschrieben und bot es einem namhaften Verleger an, mit dem er noch
von der Schule her befreundet war, ja sich sogar duzte. Der
Verleger ging darauf ein, und es entspann sich nunmehr folgen-
des Gespräch zwischen beiden. *Verleger:* »Ja, lieber Fritz, ich
werde dein Buch nehmen und freue mich, dir ein Honorar von
hundert Talern bewilligen zu können.« – *Idealist:* »Lieber Wilhelm, ich bitte dich, sprich nur nicht davon. Es ist das alles ja das
Gleichgültigste von der Welt. Es lag mir ausschließlich daran,
einer bestimmten Idee ...« *Verleger:* »Nein, nein. Hundert Ta-
ler.« Und hiermit brach das Gespräch ab, beide Freunde jedoch
setzten sich gleich danach in einen Pferdebahnwagen, weil sie
denselben Weg hatten. Ein tiefes Schweigen herrschte vor, und
man hörte nichts als das Knistern der Zettel oder dann und wann
einen leisen Schrillton, wenn die Papiereckchen abgerissen
wurden. Ebendiesen Moment absoluter Stille wählte der Idealist, um, vielleicht unter dem Eindruck des Feierlichen, das vor
etwa zehn Minuten abgebrochene Gespräch wieder aufzunehmen. Er beugte sich vor und sagte leise: »*Gold*, lieber Wilhelm? ...« – »Nein, *Kurant*«, antwortete dieser.

In dieser Geschichte haben wir unseren deutschen Idealisten from top to toe. Gott sei Dank stirbt er mehr und mehr
aus, und nur in diesem neuesten Putlitzschen Schauspiele
haben wir noch ein Musterexemplar. Er gefällt mir nicht,
auch das Stück nicht, das nach ihm den Namen führt, und ich
halt es einem Dichter gegenüber, der, wie Putlitz, auf so viel
Glückliches und Erfolgreiches hinweisen kann, für das Gera-
tenste, dies offen und unumwunden auszusprechen. Es be-
zeigt dies dem Dichter und seinem Talent einen viel größeren
Respekt als ein Bemängeln und Herumkorrigieren im einzelnen. Allerdings kann er Gründe fordern, warum es denn
dem Herrn Kritikus so gar wenig gefallen habe? Und ich will
diese Gründe zu geben versuchen.

Es ist ein alter Satz, daß der Mischung von Humor und Sentimentalität kein deutsches Herz zu widerstehn imstande sei. Und wie es ein alter Satz ist, so auch ein richtiger, wie wir uns bei jeder Aufführung Benedixscher Arbeiten immer wieder mit Augen überzeugen können. Aber es kommt dennoch bei *jedem* und schließlich deshalb auch bei dem dramatischen Kuchen auf die Zutaten an, also darauf, ob Mehl und Ei noch frisch sind oder ob sie schon lang und an einer feuchten Stelle gelagert haben. Nun, Humor und Sentimentalität sind an und für sich ganz unzweifelhaft wundervolle Zutaten und brauchen auch nicht absolut frisch aus dem Nest oder aus der Mühle zu kommen, aber sie dürfen auch nicht mehr oder weniger dumpfig geworden sein. Und dieser Putlitzsche Humor und diese Putlitzsche Sentimentalität, sie *sind* dumpfig. Sie repräsentieren ein ganz saubres Stück Ellenzeug, aber mit Stockflecken. Alles in diesen »Idealisten« berührt altmodisch, trotzdem das Jahr 1873 auf dem Zettel steht, und bringt uns dies Altmodische speziell dadurch so sehr und so störend zum Bewußtsein, daß nicht das Gute, Gesunde, Herzerquickende, sondern umgekehrt das Enge, Beschränkte, Krankhafte, jedenfalls das uns unsympathisch Berührende vergangener Jahrzehnte darin zur Erscheinung kommt. Und so wirkt es, trotz seiner neuzeitigen Einkleidung und Entstehung, um vieles älter als Benedixsche und Bauernfeldsche, ja vor allem auch als *Putlitzsche* Stücke, die schon vor dreißig Jahren geschrieben wurden. Es ist dabei gerne zuzugestehen, daß sich unser moderner Geschmack allermodernsten Menschen und ihren Schicksalen mit einer deutlich zutage tretenden Vorliebe zu wendet, aber dennoch nicht *so*, daß nicht auch ein Kreis altmodischer Figuren immer noch auf eine lebhafteste Teilnahme, ja auf lautesten Beifall rechnen könnte. Jean Paul entzückt uns immer noch, und in E. T. A. Hoffmann finden sich idealistische Käuze, die nach wie vor unsrer gespanntesten Aufmerksamkeit sicher sind. Es ist also nicht das Zurückgreifen an sich, an das sich der Vorwurf des Altmodischen knüpft, es ist vielmehr der *Modus,* in dem seitens des Dichters zurückgegriffen

wird. Ich finde seine Hand nicht energisch genug und höre
beständig einen Ton heraus, der mir, wenn ich Putlitz' aller-
frischestes und allerlebendigstes Leben nicht kennte, die Meinung einflößen würde, er habe alle Fühlung mit den berechtigten Forderungen eines modernen Publikums verloren. Am
eklatantesten zeigte sich dies meiner Meinung nach im vierten Akt, in der großen Szene zwischen dem idealistischen alten
Klavierlehrer (Herr *Berndal*) und seiner Hausgenossin, der
alten Sanna (Frau *Frieb*). Die letztere hat in dieser Szene nämlich ein großes Geheimnis auf dem Herzen, das sie beständig
versichert für sich behalten zu wollen, während sie doch von
dem heftigsten Verlangen gequält wird, es mitteilen zu können. Ein Widerstreit, den man im Leben, in Büchern und auf
der Bühne hundertfältig beobachtet hat. Nun liegt in diesem
Widerstreite ganz unzweifelhaft ein komisches Element, und
Moser oder Hugo Bürger oder Lindau würden sich dasselbe
geradesowenig haben entgehen lassen wie Putlitz. Aber während die Genannten in einer Minute damit fertig gewesen
wären, spinnt Putlitz eine ganze lange Szene von diesem bißchen Flachs ab, als wäre so was Nettes und Scharfbeobachtetes
und Wirkungsvolles noch gar nicht dagewesen. Ein Irrtum,
der dann auch dahin führte, daß die Szene *nicht* einschlug und
selbst in einem allerwohlwollendsten Publikum einen nur geringen Eindruck hervorrief. In den Tagen Charlotte von Hagns
und vielleicht auch noch in den Tagen Clara Stichs hätte Putlitz mit seinem Kalkül recht behalten, aber vor dem *heutigen*
Parkett nicht mehr. Das heutige Parkett ist an eine ganz
andere Sprache gewöhnt und verlangt diese andere Sprache.
Auch *dann* noch, wenn es zwei Halb- oder Ganzidealisten
sind, die sich miteinander unterhalten. Unter dem Einfluß
Heines und im weiteren Verfolg unter dem unserer zahlreichen Witzblätter hat sich – ich kann dies bei meinen hohen
Semestern sehr wohl kontrollieren – eine völlig veränderte,
knappe, pointierte Sprechweise herausgebildet, an der *alle*
Volksschichten teilnehmen. Man sehe sich nur mal eine der
vorstädtischen Volksversammlungen auf *diesen* Punkt hin an

oder beobachte, wie Stoecker bei solcher Gelegenheit die Sprache zu handhaben weiß. Putlitz aber gönnt sich Zeit, verzichtet auf diese Konzentration und Zuspitzung und verliert dadurch die Macht über sein Publikum. Außer der klaren Exposition erschienen mir nur zwei Szenen durchaus wohlgelungen: im zweiten Akte die zwischen Hermann von Reiner und der alten Sanna, in welcher letztere von den Familienschicksalen ihres Lieblings Leonhard erzählt, und im dritten Akt die Begrüßungs- und Wiederfindungsszene zwischen Vater und Sohn. In dieser waren Momente, die das Herz trafen. Im ganzen aber muß ich leider sagen, daß ein so anfechtbares und von mir auch tatsächlich angefochtenes Stück wie Hugo Bürgers »Gold und Eisen« meinem Herzen um vieles näher steht.

Das Spiel war ohne Bedeutung, womit übrigens kein Tadel ausgesprochen sein soll. Aus solchen Typen, die jedes individuellen Zuges entbehren, ist eben nicht viel zu machen. [...]

ALBERT EMIL BRACHVOGEL

Narziß

Aufführung vom 9. Dezember 1881

[...]

Das Stück selbst übte wieder seine bekannte große Wirkung, auch auf mich. Aber freilich, die »große Wirkung«, unter die mich dieser Brachvogelsche »Narziß« jedesmal bringt, ist die der Wüste: Sand und Sonnenbrand und Kamelrudel wie Meilensteine. Was ich bei diesem Stück leide, spottet jeder Beschreibung. Ich habe, trotz meiner hohen Semester, immer noch die Schwäche, solche Geschichten ernsthaft zu nehmen und allgemeinere Betrachtungen daran zu knüpfen. Und da steigt es mir denn jedesmal heiß zu Kopf, wenn ich mir herausrechne, daß dieser Kolossalunsinn nun schon an die dreißig Jahre die deutsche Bühne beherrscht. Auch gibt es nichts, wonach unsere Charakterspieler so begierig wären als nach der Ehre, den ersten Narziß-Spielern ihrer Zeit zugezählt zu werden. Der verstorbene Hiltl sagte mir mal: »Ach Gott, wer will einen Lear-Spieler kontrollieren? Wer will die Formen der Verrücktheit feststellen?« Auch in der Literatur haben wir Seitenstücke; wer gar nichts mehr zu sagen weiß, erzählt einen Traum oder läßt einen Narren auftreten. *Diese* Flagge deckt alles. Es ist sprichwörtlich geworden, von Brachvogels »Genialität« zu sprechen und wohl zugleich auch auf Schiller und seine »Räuber« zu verweisen. Aber welche Welt von Unterschied! Genialität, die tollt, ist herzerfrischend, Genialität, die quasselt, ist bloß unangenehm. Und wovon quasselt sie hier mit Vorliebe? Von »Logik« und »Prämisse«. Welches Labsal daneben ist das einfache Hexeneinmaleins: »Aus eins mach zehn, Und zwei laß gehn, Und drei mach gleich, So bist du reich« usw. Und trotzdem, dreißig Jahre lang dieselbe Bewunderung! Es ist zum Weinen, und ich weiß wirklich nicht, woher Karl Vogt den Beweis genommen hat, daß immer mehr Phosphor ins Hirn käme (dies mag übrigens sein) und daß die Menschen immer klüger würden. Ich habe wohl gehört, daß Kotzebues Stücke seinerzeit und seitens eines bestimmten Publikums denen von Schiller und Goethe vorgezogen worden sind. Etwas Derartiges darf nicht überraschen und ist kaum anders zu fordern. Das Gewöhnliche, das ganz Alltägliche wird immer das größte Publikum haben; es ist eben nicht möglich, Millionen auf eine ästhetische Kunsthöhe zu heben. Das kann keine Schule leisten. Ist auch nicht nötig. Aber *eins* wäre von der Schule zu fordern: daß sie Sinn von Unsinn unterscheiden lehrt. Und nun frag ich, lassen sich Fortschritte nach dieser Seite hin entdecken? Nein. Unter der Wissensnudelung, unter Drill und Examennot geht aller Bonsens verloren, und das Endresultat ist, daß der Wirrwarr angebetet und ein Stück wie »Narziß« unter die halbklassischen Tragödien eingereiht wird.

Es sollte lieber auf den Index kommen, nicht auf den, den der Papst, sondern auf den, den der gesunde Menschenverstand entwirft.

Leonhard Kohl von Kohlenegg

Macchiavella

Aufführung vom 11. Juni 1872

Armand, Herzog von Fronsac, der Sohn des Herzogs von Richelieu (ein »echter Richelieu«, wie er sich beständig nennt, ohne weitere Beweise dafür beizubringen) verliebt sich auf einem Ballfeste in Versailles so dezidiert in eine schöne Maske, daß er dem gleichzeitig an ihn ergehenden Befehle des Königs, die schöne und reiche Louise v. Hautefort zu heiraten, zwar nachkommt, aber nur, um sich sofort wieder, innerhalb der Grenzen, die die Kirche zuläßt, von ihr zu trennen. Zur Strafe dafür, übrigens unter Einkleidung in einen wunderbar schönen Schlafrock (ein »echter Richelieu«) wandert er in die Bastille, wo ihn schließlich seine junge Gemahlin besucht und – das Stück, unter Auspustung sämtlicher Lichter, in jedem Sinne deutungsreich endigt. Der Herr Verfasser dieses historischen Genrebildes hat wahrscheinlich zwischen der Madeleine und dem Boulevard de Sebastopol flaniert, soupiert, kokettiert und schließlich die Vorstellung ausgebildet, daß er, seinem Esprit nach, ein geborener Franzose sei. Daraufhin entstand das Stück, das keine Zeile hat, aus der es trotzdem nicht herausklänge: »O Kyritz, mein Vaterland.« Kyritz kann natürlich auch in Bayern liegen.

Es ist ein Stück, das zu gar keiner Jahreszeit gegeben werden sollte, am allerwenigsten aber im Sommer. Den ganzen ersten Akt hindurch brennen auf der Bühne etwa siebzig Maskenballichter und erzeugen eine Hitze, die beinahe ebenso hoch über Null steht wie das Stück selbst unter Null. Ein lebhafteres Interesse flößte uns nur eine Rose ein, die der junge Herzog von Fronsac auf dem Maskenballe erhalten und drei Bastille-Wochen lang auf der Brust getragen hat. Sie ist völlig frisch und unverblüht, eine Wunderrose wie die Rose von Jericho; für einen echten Richelieu läßt sich's die Natur schon etwas kosten und durchbricht das langweilige Gesetz, wonach auch Rosenblätter welken, fallen und verwehen. Neben diesem bloßen Requisit glänzt, als beste Rolle des Stückes, der Gefangenwärter Gontard, der schon auf dem Zettel – man würde ihn sonst einfach für einen Statisten halten – die Bezeichnung trägt: *stumm*. Herr Pohl spielt ihn mit vieler Bravour. Es ist die einzige Figur des Stückes, die nichts Dummes sagt.

Der Herr Verfasser hat übrigens auch auf »dramatische Spannung« nicht ganz verzichtet, hat dieselbe aber in den beinah letzten Moment verlegt. Nachdem wir mehrere Minuten lang geschwankt haben, ob der echte Richelieu, mit Rücksicht auf die Offenheit der Szene, mehr als Liebhaber oder als Ehemann zu Besorgnissen Veranlassung gebe, scheint plötzlich in dem Zusammenfall beider Eigenschaften eine Verdopplung der Gefahr eintreten zu sollen; mit einer gewissen Dringlichkeit, wie bereits eingangs hervorgehoben, wird Licht auf Licht gelöscht, und das Herz des Zuschauers pendelt ratlos hin und her, ob er das Schwinden des Kronleuchters, das jeden Augenblick eintreten kann, mehr fürchten oder – wünschen soll. »Nacht muß es sein, wo Friedlands Sterne scheinen.«

Was den Dialog des historischen Genrebildes angeht, so erhellt er sich in der vorletzten Szene bis zu der Wendung: »Darf ich Sie um etwas Kompott bitten?« Eine Wendung, die einem armen Kritiker allenfalls das Recht gibt, seine Besprechung mit dem alten Weisheitsspruch zu schließen: »Ich danke für Obst!«

PAUL LINDAU

Tante Therese

Aufführung vom 21. Dezember 1875

Der Titel des neuen Stücks, das gestern, unter lebhaftem Beifall und nur sehr vereinzeltem Widerspruch, über die Bühne ging, läßt seinen Inhalt einigermaßen ahnen. Es handelt sich

um eins jener älteren Mädchen, die entweder als »kleine
Mama«, wie beispielsweise in einer reizenden Erzählung Paul
Heyses, oder aber als »Tante Therese«, wie hier in dem Lindauschen Stücke, beginnen, um dann als Liebhaberin, sei es als
glückliche oder als entsagende, zu enden. Romane, Novel-
len, Dramen haben sich dieses dankbaren Stoffes mannigfach
bemächtigt, und so ist es denn, zunächst nach Inhalt und Tendenz, nichts Neues, was uns in dem gestrigen Schauspiel geboten wurde. Ebensowenig neu sind die Figuren desselben.
Der finanziell bedrohte, aber in Gesinnung unerschütterte
Kavalier, die herzlose Weltdame, die den Schwarm ihrer An-
beter verlacht und ihn doch nicht entbehren kann, der Maler
mit der eingetrockneten Palette – der mit dem Pistolenzei-
tungsredakteur, dem etwas entarteten Erben der Firma Wespe-
Bolz, um die Ehre ringt, die Lieblingsfigur des modernen
Lustspiels zu sein – der ridiküle Kommissionsrat, der geschäfts-
schlaue Associé, der sprungbereite Büfett-Tiger, der in dreißig
Tagen sechzig Gesellschaften mitmacht, der von medisantem
Klatsch lebende Residenzler und als sein Gegensatz der bie-
dermännische, nie das rechte Wort zu rechter Zeit findende
Provinziale, keiner fehlt, *alle* stellen sie sich, mit pflichtschuldiger Pünktlichkeit, vor dem Publikum ein. Und mit ihnen
die Staffelei und der Malkasten, das ärmliche Zimmer hüben
und der Ballsaal drüben, in den festlich geschmückten Räu-
men aber das Auf und Ab der Gäste, die Promenadentour, der
Strich der Geigen, die Ecartépartie, vor allem das große Rund-
sofa mit der konischen Rückenlehne, auf dem die Liebes-
erklärungen gemacht und durch den Simpelmeier von Wirt
und Eheherrn eher gefördert als behindert werden.

So etwa das Material, aus dem sich das Stück, unter Zugrundelegung der eingangs charakterisierten Tante Theresen-
Tendenz, aufbaut. Wer nun, um mit August Wilhelm von
Schlegel zu sprechen, die Forderung stellt, daß jedes neue
Kunstwerk auch den Vorhang von einer neuen Welt hinweg-
ziehen müsse, der wird wenig befriedigt von einer Arbeit
sein, die ganz und gar im alten, richtiger noch im modern Kon-

ventionellen steckt. Wer aber auf ein solches Sichauftun neuer
Welten längst verzichtet hat, wer da weiß, daß, wenige glän-
zende Ausnahmen abgerechnet, das Schau- und Lustspielbe-
dürfnis der Menge zu allen Zeiten mit typischen Gestalten,
mit traditionell wiederkehrenden Verwicklungen und Aus-
hilfen befriedigt wurde, der stellt sich viel, viel günstiger zu
dieser Frage, nimmt die Fülle des Herkömmlichen wie ein
Selbstverständliches hin und richtet, ungestört durch das, was
er sich gewöhnt hat, als eine Art unveräußerlichen Bestandteil
unseres Schau- und Lustspiels anzusehn, sein Auge dankbar
auf alles das, was ihm, im Detail, als glückliche Variation des
alten Themas erscheint. Nicht auf die Übereinstimmungen,
die zunächst weder Lob noch Tadel bedeuten, sondern auf
die Abweichungen kommt es an, und wenn es glückt, durch
kleine Zutat, sei es an Figur oder Situation, das Überkom-
mene auch nur momentan in einem neuen Lichte erscheinen
zu lassen, dann haben wir alle Ursache, für gute Unterhaltung,
für die harmlose Erfindung einer neuen Whist- oder Boston-
tour dankbar zu sein. Der Betreffende hat dann nicht das
Höchste geleistet, aber doch das Seine getan. Es hängt eben
alles davon ab, mit welchen Ansprüchen wir an Arbeiten wie
die Lindauschen, die Wichertschen, die Moserschen herantreten oder auch umgekehrt diese Arbeiten an uns. Verbirgt
sich in ihnen irgendwo die Prätention, als Großtaten deutscher Literatur angesehen zu werden, so ist lächelnd über sie
hinwegzugehen; geben sie sich aber als dramatische Tagesliteratur, wollen sie nichts anderes sein als unterhaltlich für das
Publikum und angenehm für den Herrn Verfasser, so wüßten
wir in der Tat nicht, welche Bedenken wir gegen ein Stück
wie »Tante Therese« erheben könnten. Es langweilt keinen
Augenblick, es hat komische und pathetische Partien, es erheitert und es rührt uns; nirgends ein Anstoß, weder nach der
sittlichen noch nach der sprachlichen Seite hin; und so
würden wir uns denn geradezu als undankbar vorkommen,
wenn wir nicht aussprechen wollten, daß uns das Stück, innerhalb der Welt des Herkömmlichen und mit den Einschrän-

kungen, die sich daraus ergeben, als ein gutes Stück erschienen sei. Es gilt von diesen dramatischen Arbeiten Lindaus genau dasselbe, was von seinen kritisch-journalistischen
gilt; im ganzen genommen ist er seinen Mitbewerbern, auf
dem einen wie auf dem andern Gebiete, um einen Pas voraus.
Und hier wie dort aus denselben Gründen. Nicht deshalb,
wie seine Gegner behaupten möchten, weil er dem frivolen
Zug unserer Zeit entgegenkommt (es ist damit nicht so
schlimm), auch deshalb nicht, weil er witzig, schlagfertig und
voll guter Einfälle ist, sondern viel, viel mehr deshalb, weil er
über zwei Eigenschaften Verfügung hat, die, namentlich in
ihrer Vereinigung, keineswegs häufig angetroffen werden:
gute ästhetische Schulung und bon sens. Man glaube doch ja
nicht, daß Stücke wie »Der Erfolg« oder diese »Tante Therese« sich lediglich auf einen imbezilen Kommissionsrat, auf
sechs Calembourgs und eine mit Teichrosen besetzte Ball-
robe hin so leicht und gefällig aufbauen ließen; es erheischt
umgekehrt viel Vertrautsein mit dem Wesen des Dramas, viel
ästhetisch-taktvolle Steuermannskunst, um das Schiff durch
eine von Szene zu Szene immer neu herantretende Klippen-
welt glücklich hindurchzubringen. Diese Steuermannskunst
hat Lindau, und wenn er sich auch nicht auf das *Amerika* des
Kolumbus versteht, so versteht er sich doch auf das *Ei* des
Kolumbus. Er weiß sich zu helfen, er trifft's.

[…]

A. WEIMAR

Magdalena

Aufführung vom 14. Mai 1881

Zu der »Maria Magdalene« von Hebbel und der »Maria und
Magdalena« von Lindau hat sich nun, seit Sonnabend, eine
simple »Magdalena« herzugefunden. Aber auch eine *ganz*
simple. Vor fünf Jahren ist ein Graf zu sehr vorgerückter Ta-
geszeit im Zimmer ebendieser Magdalena betroffen worden,

und wiewohl es sich allmählich zu verbluten anfängt, so munkelt man dennoch noch davon. Dies etwa die Situation, in die wir eintreten. Und siehe da, noch ist der zweite Akt nicht zu Ende, so wird dem etwas überraschlich aus Amerika zurückgekommenen Grafen schon *wieder* ein Hausschlüssel eingehändigt, von ebenderselben Magdalena, und alles läßt sich dazu an, uns das vor fünf Jahren dagewesene fatale Erlebnis noch mal erleben zu lassen. Ich tue, glaub ich, solcher Magdalena kein Unrecht, wenn ich sie zu den einfacheren zähle. Und dazu dieser ewige Hausschlüssel! Wirklich, wir sind in eine Ära der Hausschlüssel eingetreten, und ich sprech es mit allem erdenkbaren sangfroid aus: Was bedeuten alle französischen Ehebruchskomödien gegen unsere plötzlich in Mode gekommenen Hausschlüsselkomödien! Ich habe nichts gegen Hausschlüssel; der Hausschlüssel ist ein nützliches und selbst ein sparsames Instrument, man könnte ihn besteuern, weil er einem mittelbar etwas einbringt, aber ihn unter die ständigen Schauspielrequisiten aufgenommen zu sehen, damit kann ich mich nicht befreunden. Entwickelt sich dies so weiter, so gehen wir auch in der Skulptur einer ganz neuen Symbolik entgegen: links Melpomene mit dem Dolch, rechts Thalia mit dem Hausschlüssel.

Es ist ein sonderbares Stück. Der pseudonyme Herr Verfasser nennt sich Weimar; ich hätte Gotha richtiger gefunden. Es ist ein Gemengsel und in den Rauch gehängt. Aber als Berliner Aufschnitt ist es immer noch zu verwerten.

Ich besinne mich, was war es denn eigentlich? Jaja, da war ein zerstreuter alter Professor, ein Sternkucker, der auch mal zu tief ins Glas gekuckt, und dann noch ein paar Professoren, und dann, in wundervoller Anspielung, eine böse Baronin von Drachenfels, und zuletzt Minchen und Tinchen in rosafarbenem Tarlatan und hinter diesen eine Unsumme langweiliger Menschen, die sich Doktoren, Assessoren usw. nannten und aus denen sich die Liebhaber rekrutieren.

Aber Magdalena?! Richtig, die hätt ich fast vergessen. Magdalena von Hagen ist Erzieherin bei Doktor Ernst Olfers und liebt Elsen, die kleine Tochter des Doktors. Was soviel heißt, als sie liebt den Doktor. Die Hauptsache bleibt aber immer, daß sie die Trägerin und Heldin eines »furchtbaren Geheimnisses« ist, eines Geheimnisses, das am 20. September stattfand, an einem für mein Witterungs- und Äquinoktialvorabendsgefühl absolut unschuldigen Tage, der nun, ohne lange gefragt zu werden, in die Spukreihe der »13. November« und »29. Februare« mit aufgenommen wird.

Allmählich, wie sich denken läßt, erschließt sich uns denn auch das »Geheimnis«. Es ist das schon vorerwähnte: der in Magdalenas Zimmer vorgefundene Graf. Aber sie müßte nicht Magdalena von Hagen und nicht Erzieherin sein, wenn es damit seine Richtigkeit haben sollte. Hinter dem ersten Geheimnis steckt eben noch ein zweites, und dies zweite Geheimnis ist das eigentliche, das Hauptgeheimnis. Allerdings, der Graf war im Hause; sein Spätbesuch galt aber nicht Magdalenen, sondern Eugenien, der mittlerweile verstorbenen schönen Gemahlin von Dr. Olfers und natürlich einer geborenen von Drachenfels. Als Freiin konnte sie des Gräflichen nicht ganz entbehren. Und da Dr. Olfers eifersüchtig und jeder Othello-Rache fähig war, so nahm es Magdalena auf sich. Ich hätt es nicht getan. Unterdessen starb Eugenie, ließ Elsen unter der Obhut Magdalenens zurück und genoß fünf Jahre lang des Vorzugs, als Hausheilige verehrt zu werden. Ein Musterbeispiel von der gelegentlichen Mißlichkeit der Heiligenverehrung.

Es versteht sich von selbst, daß der Schlußakt, der, glaub ich, wieder an einem 20. September in Szene geht wenigstens steht auf dem Zettel: »Der 4. Akt spielt 19 Tage später«, was nur so einen Sinn hat – daß, sag ich, der Schlußakt alles wieder ausgleicht und nach allen Seiten hin Gerechtigkeit übt. Eugenie sieht sich ihres Goldscheines entkleidet, die Drachenfels reist ins Siebengebirge ab, und Magdalena wird Frau Dr. Olfers. Erwägt man, daß sie vorher ein Fräulein von Hagen war und während der voraufgegangenen fünf Unglücks- und Verkennungsjahre wiederholentlich Gelegenheit

gehabt hatte, sich als Hofdame an den Großherzoglichen Hof
gerufen zu sehen, so kann man von einer »guten Partie« kaum
sprechen. Welcher Großherzogliche Hof übrigens der dichterischen Phantasie hier vorgeschwebt haben mag, ist schwer
zu sagen; jedenfalls muß er in Gegenden liegen, in denen die
herkömmlichen Moralanschauungen bereits stark ins Schwanken gekommen sind. Allgemeine Menschenliebe scheint überhaupt großherzogliche *Landes*devise zu sein, was wir, wohl un-
gesucht, aus dem Umstande herleiten dürfen, daß Magdalena,
nach der doch sehr »fatalen Geschichte«, nicht nur als allgemeiner Liebling im Dr. Olfersschen Hause bleibt, sondern
auch noch eigens mit der Erziehung und Überwachung der
kleinen reizenden Elsa betraut wird, die so unschuldig ist und
immer »Tante« sagt.

Und dem Aktionsfelde dieser kleinen reizenden Elsa möcht
ich mich nun zum Schlusse zuwenden dürfen. Es liegt, dies
Aktionsfeld, im dritten Akt und ist nicht mehr und nicht weniger als eine Schlafstube. Der erste Anblick hat etwas entschieden Anheimelndes. Ein Bettchen mit der bekannten
kleinen Holzgalerie steht schräg über die Bühne hin und gibt
Lokalton und Traulichkeit. Ein Lämpchen brennt, alle Vorhänge sind heruntergelassen, und alles wäre lieb und gut, wenn
nur nicht im Hintergrunde der Bettschirm wäre. Denn die
Wahrheit zu gestehen, mit Bettschirmen ist es nicht viel besser als mit Hausschlüsseln. Man könnte beinahe sagen, sie ergän-
zen sich, und nur *das* wird zuzugeben sein, daß der Bettschirm
die mildere Form ist und wenigstens eine Bühnenlebensmög-
lichkeit hat. Es hängt dies mit seinen zwei ganz verschiedenen
Erscheinungsarten zusammen und mit der Tatsache, daß es
einen Ahriman und einen Ormuzd, einen schwarzen und
einen weißen, gibt. Der weiße, der sich offen um eine Bett-
ecke stellt, jedem Auge zugänglich und absolut geheimnislos,
ja warum sollte *der* aus der Reihe der Existenzen gestrichen
werden?! Aber im ganzen genommen ist dieser weiße der
seltnere; dem bösen Prinzip gehört die Welt, und Ahriman ist
auch hier der herrschende. Dieser böse Bettschirm erfreut

sich immer nur an Dunkel und Hintergrund und schiebt sich
überall derartig ein, daß etwas Geschlossenes, ein Verschlag,
ein Rückzug entsteht oder irgend etwas Ähnliches aus der
Nachtseite der Architektur. Und in *dieser* Form auch bot er
sich uns am Sonnabend in jenem verhängnisvollen dritten
Akt. Alles in allem um so beklagenswerter, als er nur als Gespenst dastand und jedes Eingreifen in den Gang der Ereig-
nisse verweigerte.

Diese vollzogen sich inzwischen im Vordergrunde, wo
Magdalena nicht müde wurde, die nur zu berechtigten Schluß-
worte des zweiten Aktes: »Dies war nicht wohlgetan« oft und
lange zu wiederholen, so lange, bis es denn auch wirklich
hinter der kleinen Holzgalerie lebendig geworden war. Und
siehe da, da saß nun Elsa, reizend und verschlafen, und bat so
herzlich und unwiderstehlich: »Ach, Tante Magda, du woll-
test mir ein Märchen erzählen!« Und diese begann denn auch
unter ziemlich ängstlichem Aufhorchen des Publikums: »Es
war einmal ein König.« Aber es war nur ein – »treuer Diener«,
um den es sich schließlich handelte.

Soviel über das Stück, neben dem der »Leibarzt« ohne weiteres in die klassische Literatur gehört. In dieser »Magdalena«
neigt sich alles zum Spott. Ich habe, das darf ich behaupten,
vor allem künstlerischen Ernst einen aufrichtigen Respekt
und bin weit entfernt davon, um kleiner, auch nicht einmal
um großer Mängel willen, irgendein künstlerisch Geschaffe-
nes, geschweige den Schöpfer desselben, zu ridikülisieren. Ich
weiß, daß alle Kunst schwer ist, und weiß vor allem auch, daß
es sich nicht geziemt, etwas auf eine kurze Spanne Zeit hin
Berechnetes mit einer langen Elle messen zu wollen. Und wer
regelmäßig diese Zeitung liest und ein klein bißchen Gedächtnis hat, wird mir denn auch das Bestreben nicht absprechen können, allen neu zur Aufführung kommenden Stük-
ken in Freundlichkeit und unter geflissentlicher Hervorhebung
ihrer Vorzüge zu begegnen. Aber mitunter wird einem mehr
zugemutet, als zu tragen möglich ist. Und ein solcher Fall war
auch am Sonnabend in dieser »Magdalena« gegeben. Ich höre,

daß der Verfasser eigentlich eine Verfasserin ist, und bedauere
deshalb um so mehr, daß es mir nicht erlaubt war, eine freund-
lichere Sprache führen zu können. Aber es ließ sich nicht tun,
deshalb nicht, weil sich diese Wüste ganz oasenlos vor mir
ausbreitete. Die Szene zwischen der Drachenfels und dem
alten Astronomieprofessor, im ersten Akt, könnte zur Not als
Oase gelten, aber auch über *sie* hin ist Wüstensand geweht,
und ihr Brunnen ist mindestens halb verschüttet.

[…]

HUGO BÜRGER
Gabriele

Aufführung vom 2. März 1878

Es gibt bekanntlich Maler, die ihre Bilder lediglich als eine
Farbenaufgabe fassen. Halten sie sich dabei innerhalb der richtigen Grenzen, so kann dies zu loben sein, gehen sie darüber
hinaus, so scheitern sie. Maler X. gehört zu dieser Gruppe. Er
ist seit einiger Zeit in Aufregung, denn ihn beschäftigt etwas
Großes: er will die »Schlacht bei Lützen« malen. Er sieht sie
ganz deutlich vor sich: alles Pulverqualm, in der Mitte zwei
große Flecke: weiß und isabellenfarben, und daneben zwei
kleinere: blau und rot. Er entwirft die erste Skizze wundervoll. Solange die Welt steht, ist so was von »Wirkung« noch
nicht dagewesen. Er tritt immer wieder zurück und sagt: »Ja,
das ist sie.« Nämlich die Schlacht bei Lützen. Am dritten Tage
wird ihm zu seinem Schmerze klar, daß er sein Wunderwerk
so gut wie halb zerstören muß, indem er ihm »Form« gibt. Er
tut es widerwillig, denn er vernichtet sich dadurch die »Reinheit der Idee«. Aber die blöde Menge will befriedigt sein. Und
so werden denn weiß und isabell schließlich zu zwei Pferden,
die sich bei gutem Willen auch als solche erkennen lassen,
und blau und rot werden Standarten, hüben und drüben, bei
Freund und Feind. Natürlich brauchen die zwei Pferde auch
zwei Reiter und die zwei Fahnen zwei Fahnenträger; der

Mann der »Farbenaufgabe« bequemt sich deshalb auch zu *dieser* Konzession, Gustav Adolf und Pappenheim sitzen endlich im Sattel (»aber frag mich nur nicht, wie«), und der nächste Kunstausstellungskatalog bringt unter No. 123, vielleicht sogar unter gleichzeitigem Abdruck einer längeren Stelle aus Schillers Dreißigjährigem Krieg, den Namen und Titel des Bildes. Und so entstand aus dem Vier-Farben-Traum die »Schlacht bei Lützen«.

Nach demselben Rezept arbeitet Herr Hugo Bürger. Er sieht einige Szenen im Geiste vor sich und findet, daß sie sich wundervoll machen. Er hat auch ganz recht darin, sie machen sich wirklich sehr gut, und wenn die Gegenüberstellung von Personen, die sich, ohne Rücksicht auf Wahrheit und Charakter, wirkungsvolle Sachen sagen, schon ein Stück bedeutete, so wären die dramatischen Arbeiten Hugo Bürgers nicht nur Stücke, sondern sogar sehr gute Stücke. Solche bloß auf ihre Farbe hin angesehenen »Gegenüberstellungen« genügen aber nicht, die Szenen müssen bekanntlich zu- und untereinander stimmen, die Personen dürfen nicht willkürlich jetzt das eine tun und nun das andere, und die Welt, die sich uns erschließt, muß nicht eine Aneinanderreihung von Unwahrscheinlichkeiten sein. Aus solchen aber, und zwar aus den allergewagtesten, kommt man gar nicht heraus, und man wird schließlich verdrießlich oder auch *mehr* als verdrießlich, die beständige Verzerrung der Sache als die Sache selbst hinnehmen zu sollen. Alles, was uns hier geboten wird, ist ein auf *Effekte hin konstruiertes*, aber kein wirkliches Leben. Auch das wirkliche Leben ist schon nicht viel wert; wenn es aber anfinge, sich nach dem Bilde zu gestalten, das Hugo Bürger von ihm gibt, so wäre es Zeit, hinauszugehn.

[...]

Wir stecken bereits tief in der Decadence; das Sensationelle gilt, und nur einem strömt die Menge noch begeisterter zu, dem baren Unsinn. »Der geschundene Raubritter« wurde in fünf Versionen auf fünf verschiedenen Vorstadttheatern gegeben, und die Elite der Gesellschaft wallfahrtete hinaus, um sich die neue Herrlichkeit anzusehn. In solcher Zeit, wenn nicht der Wüstensand alles begraben soll, muß es ein paar hochgelegene Stätten geben, wo eine reinere Luft weht und ein gesunder Quell aus dem Felsen springt. Und eine solche »hochgelegene Stätte«, eine Stätte wirklicher Kunstpflege soll unser Königliches Schauspielhaus sein.

Szenenaneinanderreihung aber ist keine Kunst. Das ist eine Spezialgeschicklichkeit, deren Pflege oder Betätigung woandershin gehört. Am wenigsten aber scheint es mir empfehlenswert, durch Einbürgerung von Stücken, deren Menschen keine Menschen und deren Handlungen aus Willkür, Widerspruch und Konfusion geboren sind, das Wirrsal dieser Zeit zu mehren.

RICHARD VOSS

Brigitta

Aufführung vom 1. Oktober 1889

Nach »Natalie«, der ersten Novität der Saison, hatten wir gestern (Dienstag) »Brigitta«, Trauerspiel in fünf Akten von Richard Voß.

Es muß gesagt werden, daß die ältere Saisonschwester die jüngere überleben wird. Brigitta stirbt an Gift, aber das Stück, das nach ihr den Namen führt, war schon vorher gestorben. Es bedurfte dazu keines fünften Aktes und keiner Phiole, welche letztere, beiläufig bemerkt, der inzwischen zur Königin erhobenen Brigitta von einem forschen und energischen Bauerssohn, natürlich von Herrn *Purschian* dargestellt, überreicht wurde. Wo *der* sie hergenommen, bleibt unerfindlich. Aber das Stück strotzt überhaupt von Unerfindlichkeiten, und so steh ich denn von allem weiteren Forschen und Fragen ab.

Am Sonntag die »Gespenster« auf der Freien Bühne, am Dienstag »Brigitta« im Königlichen Schauspielhause. Die »Gespenster«, frisch und lebendig wie nur je eine lebendige Brigitta, »Brigitta« so tot, wie nur je Gespenster sein können. Für die »Freie Bühne« bzw. für die realistische Schule, die nach Herrschaft oder doch mindestens nach Mitregierung ringt, kann nichts Besseres passieren als die Vorführung solcher Richard Voßschen Stücke. Meine Bewunderung für Ibsen, speziell für die Stücke seiner neuren und neuesten Zeit, ist nur eine bedingte, nach *einer* bestimmten Seite hin aber, und zwar nach der allerwichtigsten, hat er eine unbedingte Macht über mich: er interessiert mich, hält mich in seinem Bann vom ersten bis zum letzten Wort, und jedes kleinste, das mir entgeht, betrachte ich als eine Einbuße an künstlerischem Genuß; bei Stücken wie »Brigitta« dagegen kann ich den Schluß der Szene kaum abwarten, weil alles, trotz einer wahren Virtuosität im Einkleiden und Verstecken, doch immer nur wie Reminiszenz wirkt. Alles abgestanden, alles schon dagewesen, nur immer mit aufgeklebtem neuem Zettel, der über den alten Inhalt täuschen soll. Dabei welch Durcheinander, welche Konfusionen! Und um dieses Durcheinanders willen, welche Anstrengung für den, der folgen will, ja (sonst würd ich mich hüten) folgen *muß*, von Metier wegen die Pflicht hat, wenigstens den Versuch dazu zu machen. So tritt denn aus den verschiedensten Gründen schon in der Mitte des Stücks eine Abspannung ein, die im fünften Akt geradezu eine bedenkliche Höhe erreichen würde, wenn nicht Herr Purschian, so hat alles sein Gutes, genau in die Mitte dieses fünften Aktes hineingestellt wäre. Von dem Augenblick an, wo er (Purschian) die großen Wasser springen läßt, und dieser Augenblick ist jedesmal mit dem Moment seines Auftretens gegeben, ist von Schläfrigkeit keine Rede mehr. Ich will *den* sehn, der dabei weiterdämmern kann. Gestern aber lag diese bedeutungsvolle Weckeraufgabe nicht auf Herrn Purschians Schultern allein; ein Zufall wollt es, daß die Papierblumen einer der seitwärts aufgestellten Girandolen in Brand gerieten, und die Geistesgegenwart, mit der Fräulein *Poppe*, die Darstellerin der Brigitta, nicht bloß das Feuer mit ihren Händen zerdrückte, sondern auch in virtuoser Weise weiterspielte, elektrisierte das

Publikum und weckte sofort einen Sturm von Beifall. Nicht die »Brigitta« des Dichters, sondern allerpersönlichst die Darstellerin der Brigitta war die Siegerin des Abends, und Fräulein Poppe, wie ich die Berliner zu kennen glaube, ist durch diese Tat besser etabliert als durch ein halbes Dutzend Lady Milfords oder Orsinas. So läßt sich immerhin von einem »Erfolg« sprechen, mit dem der Abend schloß. […]

V

»MUSS ES DENN DURCHAUS ERHEBUNG SEIN?«

Ibsen – Tolstoi – Hauptmann

HENRIK IBSEN

Gespenster

Aufführung des Vereins »Freie Bühne«
vom 29. September 1889 im Lessing-Theater

Der Verein »Freie Bühne« eröffnete gestern die Reihe seiner
für diesen Winter geplanten acht Vorstellungen auf der Bühne
des Lessing-Theaters, und zwar mit Ibsens »Gespenstern«, eine
Wahl, die mir in doppelter Hinsicht die richtige zu sein schien:
einmal in Huldigung gegen Ibsen, der (wenigstens aufs Dramatische hin angesehen) als Ältester wie als Haupt der neuen
realistischen Schule dasteht, zum zweiten aus gebotener Klug-
heit. Die »Gespenster« erlebten schon vor zwei, drei Jahren
eine Vormittagsaufführung auf dem Residenztheater, damals
noch unter Direktor Annos Leitung, und erzielten einen großen, wenn auch von den Gegnern der Schule hart bestrittenen
Erfolg. Mit den »Gespenstern« beginnen hieß also, nach Möglichkeit einem Teil jener Gefahren aus dem Wege gehen, wie
sie jedes neue Unternehmen so gern umlauern; das Stück hatte
seine Feuerprobe bereits bestanden, und dieser Akt weiser
Vorsicht, der den Spott der »Bravsten der Braven« natürlich
herausfordern wird, hat nicht nur meine Zustimmung, sondern erfüllt mich auch mit Hoffnung für die Zukunft. Es zeugt
von einer klugen Leitung, die sich der Gegnerschaften nicht
bloß voll bewußt ist, sondern ihnen vielleicht sogar ein bestimmtes Maß von Berechtigung zugesteht und ebendeshalb
beflissen ist, beim Übergang über das Eis lieber die bewährten
festen Schollen als die schlüpfrigen, über Nacht erst überfror-
nen Stellen zu benutzen. Eine Schlitterbahn bleibt es immer
noch, und wenn man nicht ertrinkt, kann man sich wenigstens
hinsetzen, was manchen, wegen des Komischen, das dran haftet, schrecklicher bedünken mag als alles andre.

Das Debüt der »Freien Bühne« verlief unter der trefflichen Regie des Herrn *Hans Meery* durchaus glänzend und ließ nichts von den Schwierigkeiten ahnen, an denen man vorübergegangen war und noch vorüberging. War schon, was noch jetzt zu Dank verpflichtet, die Vorstellung im Residenztheater eine nahezu mustergültige gewesen, so wurde sie doch von der gestrigen übertroffen. Am meisten trat dies in der Rolle des Oswald Alving hervor, die damals von Herrn Franz Wallner, jetzt von *Emmerich Robert* gegeben wurde. Nichts widerstreitet mir mehr als ein Operieren nach dem Satze: »Der Mohr hat seine Arbeit getan, der Mohr kann gehn«, ich bin vielmehr umgekehrt von der Neigung erfüllt, für den, der nicht mehr da ist, einzutreten. Von Toten und Abwesenden nur Gutes. Aber in diesem speziellen Falle liegt es doch so, daß es mit besonderem Nachdruck heißen muß: »Der Lebende hat recht.« Herr Franz Wallner, so gut es war, was er gab, gab doch vorzugsweise einen auf einen ganz bestimmten Sentimentalton hin gestellten Unglücklichen, während Herr Emmerich Robert einen Charakter gab und in diesem erst eine fein und reich nuancierte physiologisch-psychologische Studie. Mit einer Detailakkuratesse, wie Rossi den apoplektischen Ludwig XI. gibt, gab Emmerich Robert, wenn auch nicht mit gleicher Virtuosität (was übrigens auch als ein Vorzug gelten kann), den Geistes- und Nervenkranken, dessen Gehirn »vom Wurm« angebohrt ist. An der Darstellung dieses Oswald Alving hängt das Stück, und zwar nicht bloß deshalb, weil der Dichter in dieser Rolle seine Doktrin exemplifiziert (was schon Gefahren genug heraufbeschwört), sondern mehr noch deshalb, weil die weit ausgesponnenen medizinischen Auseinandersetzungen nicht bloß »shocking«, sondern auch langweilig sind, wenn es dem Darsteller nicht glückt, uns diese Confessions aus dem ärztlichen Empfangszimmer beziehungsweise aus der Klinik interessant zu machen. Und wodurch allein kann er dies erzwingen? Nur dadurch, daß er unsere menschliche Teilnahme weckt. Es war das große Verdienst im Spiel des Herrn Emmerich Robert, daß er uns den Kranken getreulich gab und

danach Empfindungen in uns zu wecken wußte, die nicht
bloß ärmliches Mitleid mit dem Kranken, sondern eine herz-
liche Sympathie mit dem *Menschen* waren. Darauf beruhte die
Wirkung.

Ähnlich schwierig wie die Rolle des jungen Oswald Alving
ist die seiner Mutter, der Frau Helene Alving. Frau *Marie
Schanzer* gab diese Rolle, die vordem von Frau Charlotte
Frohn, und zwar, nach Meinung einiger, glücklicher und
treffender gegeben wurde. Welcher Auffassung ich mich aber
nicht anschließen kann. Frau Charlotte Frohn gab die Rolle
verhältnismäßig statuarisch, als eine Matrone, die sich den
Frieden errungen hat und, abgeklärt und drüberstehend, nur
noch einem Gefühle lebt: der Liebe zu ihrem Sohne. Der
Grundzug ihrer Auffassung war Ruhe, Würde, Vornehmheit.
Und gewiß ist eine solche Auffassung gestattet. Ich finde aber
die, die Frau Marie Schanzer der Rolle gibt oder richtiger
ihrer Individualität nach ihr geben muß, glücklicher: das nervös Bewegliche tritt an die Stelle des ruhig Würdevollen. Eine
moderne Frau, die durch Leben und Ehe von so schweren
Schlägen heimgesucht wurde wie Frau Alving, muß notwendig nervös geworden sein und ihre Nervosität in fortgesetz-
tem Grübeln über allerhand intrikate Fragen nur noch gesteigert haben. Im Temperament und, was damit zusammenhängt,
im Tempo war Frau Marie Schanzers Spiel dem ihrer Vorgän-
gerin überlegen. Über die verbleibenden Rollen, die des Pa-
stor Manders (Herr *Kraußneck*), des Tischlers Engstrand (Herr
Lobe) und der Regine Engstrand (Fräulein *Sorma*) geh ich hier
hinweg. Der laute Beifall, der ihr Spiel begleitete, dazu der
Hervorruf nach den Aktschlüssen bewies ihnen die begeisterte Zustimmung des Hauses.

So viel über das Spiel. Darf auch noch über das Stück selbst
ein Wort gesagt werden? Es gibt schon eine ganze Ibsen-Lite-
ratur, und speziell der Inhalt der »Gespenster«, die darin ver-
anschaulichte Lehre von der Heimsuchung der Sünden der
Väter an ihren Kindern, diese These von der Erbkrankheit in
ihren schrecklichsten Formen als beständige Begleiterin der

Erbsünde, mußte notwendig einen heißen Streit entflammen. In diesen Streit aufs neue eintreten mag ich um so weniger, als ich nur wiederholen könnte, was ich schon gesagt habe. Wo wären wir, wenn das Gesetz von Anfang an gegolten hätte. Die Vereisung abzuwarten, wäre nicht nötig geworden, wir wären an »Versumpfung« längst zugrunde gegangen. Und wenn das Ibsensche Stück trotzdem auch gestern wieder eine große Wirkung geübt hat, so muß es an etwas anderem liegen. Wir werden nicht hingerissen bzw. niedergeworfen durch die Wahrheit, die drin lebt, sondern einfach durch Ibsens Glauben, durch den künstlerischen Ernst seines Schaffens. Was heißt Wahrheit? Der Dichter, als er das Stück schrieb, war von einer Idee erfaßt, die ihm Wahrheit war und die es ihn drängte als Wahrheit zu bekennen. Je mehr er Umschau hielt, je mehr befestigte sich ihm sein Glaube, und aus diesem ehrlichen Glauben heraus ist das Stück entstanden, nicht als ein Etwas, das nun für immer Gesetzestafel oder Offenbarung sein soll, sondern einfach als Ausdruck einer persönlichen und gut motivierten Überzeugung. Daß es möglicherweise noch eine schärfere Beobachtung und ein tieferes Eindringen in das Wesen der Dinge gibt, ist eine Beobachtung, die morgen wieder aufhebt, was heute diesem und jenem noch gelten darf, das nimmt dem Ibsenschen Stücke nichts von der Macht der *Überzeugung* (nicht der *Wahrheit*; die ist etwas andres), worauf seine Wirkung beruht, wie die Wirkung in Kunst und Leben überhaupt. Es wird jetzt im Streit mit der realistischen Schule so viel auf die Dichtungen einer voraufgegangenen Literaturepoche hingewiesen, auf eine Glanzzeit, die, während sie das Ideale betonte, Größeres zu schaffen und die Menschen ungleich glücklicher zu machen verstand. Es fragt sich, ob es wahr ist. Aber *wenn* wahr, ebenso wahr ist es, daß diese großen Schöpfungen, die selbst den Vertretern der entgegengesetzten Richtung nach wie vor als solche gelten, im wesentlichen aufgehört haben, die Menschheit, »die jetzt dran ist«, noch lebhaft zu interessieren. Die klassischen Aufführungen schaffen seit geraumer Zeit das Seitenstück zu den leeren Kirchen. Der

Aufführungspomp ist ein trauriger Notbehelf. Und in dieser Not sprang der Realismus ins Dasein, der das Kunstheil auf dem entgegengesetzten Wege suchte. Wenn es das Paradies nicht mehr sein konnte, so sollt es dafür ein Garten des Lebens sein. Auf dem nach diesem Ziel hin eingeschlagenen Wege hat es für manchen ein Verweilen an Stellen gegeben, daran vorüberzugehen vielleicht besser gewesen wäre. Zuletzt aber, nach mancher Irrfahrt, wird auch auf diesem Wege, davon bin ich überzeugt, das Schöne gefunden werden, und wenn es gefunden ist, so wird es eine schärfere Darstellung finden als vordem, weil das Auge mittlerweile schärfer sehen lernte. Nenne man meinetwegen den jetzigen Weg den Weg durch die Wüste. Nach der Wüste kam gutes Land. Das Schein- wesen wird dann gefallen und das Auge für die Schönheit ge- blieben sein. Daß es an dieser Schönheit den Ibsenschen »Ge- spenstern« noch gebricht, ist zuzugestehn, aber dies Fehlende nimmt nicht Formen an, die das Verbot der Aufführung – wie's, soviel ich weiß, für Berlin existiert – zur Pflicht ma- chen könnten. Alle diese Fragen müssen eben ausgetragen, müssen für Kunst und Leben erörtert werden können; ihre Staatsgefährlichkeit auch nur mittelbar nachzuweisen dürfte schwer halten. Erbkrankheit als Kind der Sünde deckt sich mehr mit den christlichen Anschauungen, als daß es densel- ben widerspricht, und das von Ibsen in echter und reiner Liebe gefundene Heilmittel, von dessen Unanwendbarkeit ich per- sönlich tief überzeugt bin, tritt in dem Stücke verschämt genug auf, um vor der Anklage des Anstoßgebens gesichert zu sein. Im übrigen, was gibt nicht alles Anstoß? Mitunter die scheinbar harmlosesten Dinge. Franz Kugler hatte seinerzeit ganz recht, als er, vor dem Odium des Philiströsen nicht er- schreckend, beim Ministerium auf Verbot von Scribes »Glas Wasser« antrug, weil dem Volke darin gezeigt werde: »Solche Närrinnen sitzen auf Thronen und beherrschen die Völker.« Das ist nun vierzig Jahre her und war richtig motiviert. Ich wäre aber doch neugierig zu hören, ob auch nur ein Sturm im Glase Wasser auf Scribes »Glas Wasser« zurückzuführen sei.

Man muß solche Dinge laufen lassen, auch wenn sie anfechtbar
sind.

Die nächste Aufführung (20. Oktober) wird Gerhart Hauptmanns soziales Drama »Vor Sonnenaufgang« bringen. Möge
ein gleich guter Stern auch über der Aufführung dieses zweiten Stückes stehn, was der Fall sein wird, wenn Künstler und
Theaterdirektoren fortfahren, die Sache der »Freien Bühne«
wie bisher zu stützen. Es mag dies unter Umständen recht
schwer sein, aber das ganz ungewöhnliche Interesse, womit
das Publikum, und zwar ein Publikum, wie's besser und ver-
ständnisvoller nicht gedacht werden kann, gestern der Aufführung folgte, muß auch für die das Unternehmen unterstüt-
zenden Herren ein Sporn sein, aller Schwierigkeiten mit
Freuden Herr zu werden.

HENRIK IBSEN

Die Wildente

Aufführung im Residenztheater vom 21. Oktober 1888

Das Residenztheater, dessen Direktor (Sigmund Lautenburg)
wir dafür zu danken haben, brachte am Sonntag, in einer
Vormittagsvorstellung, eine Wiederholung von Ibsens »Wildente«.

Das Stück, dessen vorjähriger Aufführung ich beizuwoh-
nen verhindert war, machte noch einen tieferen Eindruck auf
mich als die »Gespenster« desselben Herrn Verfassers. Beiden
gemeinsam ist die Wahrheit und Ungeschminktheit in der
Wiedergabe des Lebens, beiden gemeinsam auch die pessimistische Weltanschauung. »Alles ist eitel«; wohin wir blicken,
Phrasen, die wir uns gewöhnt haben »Ideale« zu nennen,
Lügenideale, mit denen, so verstehen wir Ibsen, als nächstes
Menschheitsziel aufgeräumt werden muß. Erst wieder reiner
Tisch; das andere wird sich finden. Und wenn sich's *nicht*
findet, lieber der Häßlichkeit ins Gesicht gestarrt als der Ver-

zerrung, lieber der Sünde als der Gleisnerei. Beide Stücke haben dieselbe Doktrin; aber auch die pessimistische Doktrin, wie jede andere, hat ihre Rubriken, und so sehr ich der Ibsenschen Gesamtanschauung zustimme, so doch nicht jedem Einzelparagraphen. Und ein solcher anfechtbarer Einzelparagraph bildet den Inhalt der »Gespenster« oder tritt wenigstens in den Vordergrund des Stückes. Es ist die Lehre von der Heimsuchung oder »der Väter Sünde, der Kinder Fluch«. Mir scheint aber die Bibel diese heikle Frage mit ihrem bis »ins *vierte*« und bis »ins *tausendste*« Glied nicht bloß trostreicher, sondern auch nachweisbar wahrer entschieden zu haben. Wo wären wir, wenn es anders läge! Behandle die Menschen nach ihrem Verdienst, und selbst der beste kommt an den Galgen. Wir erstickten, wenn nicht der Wind wäre, und solch Geist der Auffrischung zieht durch die Menschheit und hält sie bei Existenz. Epidemien versagen plötzlich, das Miasma stirbt hin, und dementsprechend auch in der moralischen Welt. Die Gnade fällt der Vernichtung in den Arm, und wo Krankheit geboren werden sollte, blüht Gesundheit auf. Rätselhaft für uns (auch noch trotz Darwin), aber Rätsel oder nicht, die Tatsachen zeugen.

Hieran ist Ibsen in den »Gespenstern« vorübergegangen und hat, wie das vielfach dem Realismus begegnet, das Vorhandensein auch *freundlicher* Realitäten übersehen. Von diesem Fehler ist die »Wildente« durchaus frei; was hier gepredigt wird, ist echt und wahr bis auf das letzte Tüttelchen, und in dieser Echtheit und Wahrheit der Predigt liegt ihre geradezu hinreißende Gewalt. Der Zweifel, der die Macht jedes Kunstwerks bricht, *hier* bleibt er aus, wir verharren vielmehr in derselben Stimmung von der ersten Szene bis zur letzten, und das Leben als solches feiert seinen künstlerischen Triumph. Es sei nichts, ein Stück Leben aus dem Leben herauszuschneiden, behaupten die, die's nicht können, und behandeln die Sache so ziemlich nach der Analogie von Kattun und Schere. Aber weit gefehlt. Es ist das Schwierigste, was es gibt (und vielleicht auch das Höchste), das Alltagsdasein in eine

Beleuchtung zu rücken, daß das, was eben noch Gleichgül-
tigkeit und Prosa war, uns plötzlich mit dem bestrickendsten
Zauber der Poesie berührt. Im zweiten Akt der »Wildente«
sitzt die Ekdalsche Familie am Tisch, Mann, Frau, Tochter,
und die Frau rechnet eben ihr Wirtschaftsbuch zusammen:
»Brot 15, Speck 3, Käse 10, ja – 's geht auf«, und dabei brennt
die kleine Lampe mit dem grünen Deckelschirm, und die
Luft ist schwül, und das arme Kinderherz sehnt sich nach
einem Lichtblick des Lebens, nach Lachen und Liebe – ja, *das*
packt und erschüttert das Herz trotz 10-Pfennig-Käse, und
ein Jambentragödienschreiber, der aus Jugurtha und Catilina
nie herausgekommen, er watet daneben umsonst durch Blut
und Redensarten … »Und vielleicht das Höchste«, sagte ich;
freilich, vielleicht auch *nicht*. Diese schwierigen letzten Fragen sind eben in der Schwebe. Der, für den sie abgeschlossen
sind, erscheint mir wenig beneidenswert. Das Gebäude der
überkommenen Ästhetik kracht in allen Fugen, und auch von
ihrer großen Mittelsäule darf gesagt werden: »Auch diese
schon geborsten« usw. – Es ist wahr, ein Stück wie die »Wildente« entläßt uns ohne Erhebung; aber *muß* es denn durchaus
Erhebung sein? Und wenn es Erhebung sein muß, muß sie
den alten Stempel tragen? Sind nicht *andere* Erhebungen
möglich? Liegt nicht – des erschütternden Waltensehens un-
erforschlicher Schicksalsmächte ganz zu geschweigen – liegt
nicht auch in der Unterwerfung eine Erhebung? Ist nicht auch
Resignation ein Sieg? Und wenn das alles verneint werden
sollte, haben wir in diesem Stücke *nur* ein Niederdrückendes?
Wird nur Menschenelend demonstriert und nur Verzicht auf
Freud und Glück in den Vordergrund des Daseins gestellt?
Bei längerer Betrachtung jedenfalls weniger, als es auf den ersten Blick erscheint. In Turgenjews letztem Romane »Neu-
land« verklingt auch alles trübe genug, und alle die, die wirr
und wirrer streiten, gehen zugrunde; aber auf den einen, der,
allen Utopien feind, ohne Phrasen einfach *Nützliches* und zugleich nächstliegend Menschliches ins Auge faßt, auf *ihn* fällt
das Licht eines kommenden Tages. Und ähnlich auch in die-

sem *Ibsenschen* Stück. Zugrunde geht die Prätention, die mit
öden Redensarten die Welt reformieren will, aber von Wissen und Können getragene Nüchternheit bewährt sich, und
neben ihr kommt der nicht genug zu beherzigende Satz zu
seinem Rechte, daß die Lebeleute, die sich zu fördern wußten (und wenn es selbst *Schuld* war, was sie förderte), lange
nicht die Schlimmsten sind und schließlich, hilfreich und mit-
leidsvoll einspringend, ihre Schuld entweder quitt machen
oder sie doch mindern, im Gegensatz zu jenen unklaren Köp-
fen, die, während sie von »Idealen« sprechen, nur sich selbst
meinen, und während sie von Weltverbesserung sprechen,
nur ihrer Eitelkeit frönen wollen.
[...]

LEO TOLSTOI

Die Macht der Finsternis

Aufführung des Vereins »Freie Bühne«
vom 26. Januar 1890 im Lessing-Theater

Gestern endlich kam das große Licht: »Die Macht der Finsternis« von Leo Tolstoi. Die moderne realistische Kunst hat
nichts Besseres und, trotzdem wir überall in Nacht blicken,
nichts heilig Leuchtenderes aufzuweisen als dieses Stück. Wer
über realistische Kunst und ihre Berechtigung oder Nichtberechtigung mitsprechen will, der darf ihre Art nicht an ihren
Entartungen demonstrieren, an ein Stück wie *dieses* muß er
herantreten, und dann wollen wir sehen, was er dagegen
sagen kann. Ethisch wird er sich davor beugen müssen, und
künstlerisch, ein Schlimmstes angenommen, wird er sich vor
Fragen gestellt sehen, die vielleicht nicht überall zugunsten
des Stückes zu beantworten sind. Aber auch darüber ist schließlich noch zu streiten. Außerdem sind solche Fragen, selbst dem
Größten gegenüber, immer dagewesen und werden immer
bleiben.
    Wie Tolstoi zugeneigt wir uns aber auch stellen mögen, das

eine bleibt, daß sein Stück inhaltlich des Reizes der Neuheit entbehrt und daß wir uns, erst ganz zuletzt, unter einen Kraftstrom von so hinreißender dramatischer Gewalt gestellt sehen, daß diese *Kraft als solche* zum siegreich Entscheidenden wird und die Frage von alt und neu als winzig daneben verschwinden läßt.

Ja, der fünfte Akt gibt dem Tolstoischen Stück seine Höhe, seinen Sieg, aber freilich, er ist auch nötig, um die relativen Defizits der voraufgegangenen vier Akte zu decken: das phänomenale Liebesglück des Knechtes Nikita, dem alles Weibervolk nachläuft und anhängt, das Auftreten einer geldgierigen alten Kupplerin und Hexe, das ewige Beten und Falschschwören, das Vergiften in großen und kleinen Dosen, das Totdrükken und Verscharren eines heimlich geborenen Kindes und schließlich die Schnapsatmosphäre, die sich wie eine Dunstwolke durch die ganzen ersten vier Akte hinzieht –all dieser Graus versagt mehr oder weniger, und an Stelle haarsträubenden Entsetzens tritt ein Gefühl, das von Langerweile nicht weit entfernt ist, bis endlich der fünfte Akt uns diesem Gefühl entreißt und alles wettmacht. Aber trotz dieses Wettmachens, die Frage bleibt doch, ob das Voraufgegangene nicht anders sein müßte. Den ersten vier Akten fehlt eben etwas. Was dies Fehlende ist, läßt sich vielleicht am besten erkennen, wenn wir auf die halb episodischen und dem Dichter, nach meinem Ermessen, am meisten geglückten Figuren hinweisen, auf den alten Akim (Nikitas Vater) und auf den verabschiedeten Soldaten Mitritsch. Immer, wenn sie kamen, kam auch das Interesse, ja bei bestimmter Gelegenheit so stark, daß beispielsweise die ganze zweite Hälfte des vierten Aktes, die nichts ist als eine halb gruslige, halb humoristische Plauderszene zwischen Mitritsch und der zehnjährigen Anjutka, dem grandiosen fünften Akt an dramatischer Wirkung Konkurrenz machen konnte. Diese beiden episodischen Figuren fesseln überall, die fünf anderen Gestalten aber, die den eigentlichen Stoff des Stückes tragen resp. ausmachen: Nikita, der Knecht und Dorf-Don-Juan, sein Dienstherr, der Bauer Peter, dessen Tochter

Akulina, desgleichen Nikitas Mutter Matrona und Nikitas verlassene Geliebte Marina – alle diese Gestalten fesseln überall, die fünf andern Gestalten aber flößen uns, durch vier Akte hin, kein tieferes Interesse ein; vielleicht, weil es der Dichter, in nicht ausreichender Vertrautheit mit den Ansprüchen der Bühne, versäumt hat, diesen seinen Gestalten, über ihre sündhafte Alltäglichkeit hinaus, noch eine besondere, Teilnahme weckende Zutat zu geben.

[...]

GERHART HAUPTMANN

Vor Sonnenaufgang

Aufführung des Vereins »Freie Bühne«
vom 20. Oktober 1889 im Lessing-Theater

Es ist (so wenigstens stehe ich zu der Sache) nie ganz leicht, zu kritisieren, und mitunter ist es schwer. Ein solcher Fall war gestern gegeben. Nur wer den Mut hat, frisch, fromm, fröhlich und frei rundweg zu verabscheuen oder rundweg in den Himmel zu heben, dem wird auch dies Gerhart Hauptmannsche soziale Drama kein großes Kopfzerbrechen machen; wer diesen Mut aber nicht hat, vielmehr sich mit jeder neuen Szene vor immer neue Fragen gestellt sieht, der wird sich der Schwierigkeit der Beantwortung all dieser Fragen bewußt werden und einen schweren Schreibetag haben.

Es sind keine zwei Monate, daß mir das Stück (in der Paul Ackermannschen Buchhandlung hierselbst, Friedrichstraße 19, erschienen) zu Händen kam. Gerhart Hauptmann. Wer war er? Und dann weiter: »Vor Sonnenaufgang, soziales Drama«. Mit dem Mut einer eben überstandenen Sommerfrische beschloß ich, ans Werk zu gehen. Das Büchelchen verkroch sich aber eine Woche lang unter den Papieren, bis es wieder in die Höhe kam, und nun las ich es, las es von Anfang bis Ende in einem Zuge durch.

Eine sonderbare, eine gruselige Geschichte. Überall im Lande

haben wir jetzt Gegenden, wo Bauern und mitunter bloße
Kätner über Nacht reich geworden sind, und in eine solche
Gegend führt uns das Stück. Es ist ein schlesisches Dorf am
Rande des Gebirges, und das Haus, in das wir eintreten, ist
nicht nur städtisch tapeziert und mit Bildern ausgestattet, es
hat auch elektrische Klingeln und Telephon. Durch letzteres
wird sogar gesprochen. Bewohnt ist das Haus, soweit es
»herrschaftlich« ist, von fünf Personen, von denen vier den
alten Stamm bilden: Bauer Krause, seine viel jüngere Frau
zweiter Ehe und zwei Töchter erster Ehe. Die ältere Tochter
ist bereits mit einem Ingenieur Hoffmann verheiratet, der
nun der fünfte im Hause, seiner Stellung nach aber der erste
ist. Er hat das Geschäftliche in die Hand genommen und das
Vermögen, das er vorfand, schwindelhaft gesteigert, dabei zugleich für die Modernisierung des Hauses Sorge getragen. Ja,
Klingeln und Telephon sind da, Pferd' und Wagen auch,
sogar ein »Eduard«, Livreediener aus Berlin. In Wahrheit aber
ist dies auf den Vornehmheitsschein gestellte Haus ein furchtbares Haus, ein Haus mit einem Gespenst in jedem Winkel.
Der alte Bauer lebt, als hochgradiger Säufer, eigentlich nur
noch in der Schenke, die Frau zweiter Ehe, eine Kuhmagd
von vordem oder doch nicht viel was andres, spielt sich,
wenn's ihr paßt, auf die »gnädige Frau« hin aus, die mit dem
Ingenieur Hoffmann verheiratete ältere Tochter hat, vom
Vater her, das Fuselbedürfnis geerbt, und ihr Gatte, Hoffmann, der Dirigens des Hauses, ist Phraseur und rücksichts-
loser Genußmensch, der nur sich kennt und seinem Vergnügen *alles* unterordnet. Ehe sich uns diese Schnaps- und
Sündensippe vollzählig vorstellt, machen wir die Bekannt-
schaft Alfred Loths, eines ehemaligen Schul- oder Studien-
genossen Ingenieur Hoffmanns. Alfred Loth kam hierher, um
die Arbeiterfrage, besonders die der Kohlengrubenarbeiter,
an Ort und Stelle studieren zu können. Er ist idealer, soziale-
mokratisch angeflogener Politiker und lebt von Artikel- und
Bücherschreiben, ein anständiger Kerl, etwas verrannt, starker Doktrinär und Prinzipienreiter, aber durchaus ehrlich und

zuverlässig. Unter seinen Prinzipien steht Bekämpfung des Alkoholismus obenan. Er gehört zu denen, die kraft ihrer Kraft wieder eine tüchtigere Menschensorte herstellen wollen, um dann, von der verbesserten Rasse, zur Menschenbeglückung fortzuschreiten. Gesundheit natürlich erste Bedingung, Grundlage. Dieser mit Menschheiterhebungsgedanken gesättigte Alfred Loth, den man kurz als einen Abstinenzfanatiker charakterisieren kann, steckt nun also in einer Schnapshöhle. Scharfe Beobachtung scheint nicht seine Spezialität; er merkt nichts. Vielleicht deshalb nicht, weil er sich, wie so oft die Doktrinäre, sofort für die jüngere Tochter Helene zu interessieren beginnt. Und sie für ihn. Mit dieser Helene steht es übrigens anders wie mit den andern Mitgliedern des Hauses. Ein Letzter Wille ihrer verstorbenen Mutter hatte sie vor etlichen Jahren, erziehungshalber, nach Herrnhut geführt, und das Eintreten Alfred Loths in ihres Vaters Haus ist ihr gleichbedeutend mit einer Wiederanknüpfung an Zeiten, wo sie noch Menschen sah und Menschen hörte. Mit einer von Augenblick zu Augenblick wachsenden Macht drängt sich ihr die Überzeugung auf, daß ihre Rettung aus dem Sumpf, in dem sie steckt, nur durch diesen wie durch eine göttliche Fügung in ihr Haus gekommenen einfachen Mann bewirkt werden kann, der nicht blendet und besticht, der aber ehrlich ist und Grundsätze hat. Und was das beste ist, der sie liebt. Es kommt zu keiner feierlichen Verlobung, aber sie *sind* verlobt, und Helene zählt die Stunden, die sie freimachen und in andere Verhältnisse hinüberführen sollen. Wenn nötig durch Flucht. Da führt das Schicksal, zu Heil oder Unheil, den Arzt des Gebirgsdorfes ins Haus, den Dr. Schimmelpfennig, in dem Alfred Loth, wie tags zuvor in Hoffmann, abermals einen Genossen aus alten Verbindungszeiten wiedererkennt, einen Genossen, der aber den Grundsätzen von damals treugeblieben ist. In einer wundervollen Szene, der dramatisch bedeutendsten des Stücks, entrollt der pessimistische, zugleich wie Loth von Idealen getragene Schimmelpfennig ein Bild des Krauseschen Hauses und Familienlebens

vor dem entsetzt aufhorchenden Freunde, der sich nun vor
die Wahl gestellt sieht, entweder mit seinen Prinzipien oder
mit seinem Liebesversprechen zu brechen. Er wählt das letztere, schreibt ein Abschiedswort und verläßt das Haus. Als
Helene, wenige Minuten später, von furchtbaren Ahnungen
erfaßt, nach ihm sucht und nichts findet als das Abschiedswort, reißt sie verzweifelt und rasch entschlossen einen Hirsch-
fänger von der Wand und stürzt auf die Nebenstube zu. Gleich
danach kommt eine Magd, um Helenen eine Bestellung zu
machen, und als sie, sie suchend, zuletzt in das angrenzende
Zimmer getreten, stürzt sie mit einem Schrei des Entsetzens
wieder hinaus, und durch das öde Haus hin klingt die Kunde
von dem blutig Geschehenen. Die Szene bleibt leer, während
der Vorhang niedergeht.

Dies ist der Inhalt des Stücks, den ich in dieser Skizze,
seinem Kern und Wesen nach, glaube richtig wiedergegeben
zu haben. Aber was ich nicht wiedergegeben habe, weil es
sich nicht wiedergeben läßt, das ist der *Ton*, in dem das Ganze
gehalten. Und deshalb ist jede Wiedergabe derart immer unvollkommen und meist auch schädigend. Der Ton ist, bei Arbeiten wie diese, die viel von der Ballade haben, nahezu alles,
denn er ist gleichbedeutend mit der Frage von Wahrheit oder
Nichtwahrheit. Ergreift er mich, ist er so mächtig, daß er
mich über Schwächen und Unvollkommenheiten, ja selbst
über Ridikülismen hinwegsehen läßt, so hat ein Dichter zu
mir gesprochen, ein wirklicher, der ohne Reinheit der Anschauung nicht bestehen kann und diese dadurch am besten
bekundet, daß er den Wirklichkeiten ihr Recht und zugleich
auch ihren rechten *Namen* gibt. Bleibt diese Wirkung aus, übt
der Ton nicht seine heiligende, seine rettende Macht, verklärt
er nicht das Häßliche, so hat der Dichter verspielt, entweder
weil seine Gründe doch nicht rein genug waren und ihm die
Lüge oder zum mindesten die Phrase im Herzen saß, oder
weil ihn die Kraft im Stich ließ und ihn sein Werk in einem
unglücklichen Momente beginnen ließ. Ist das letztere der
Fall, so wird er's beim nächsten Male besser machen, ist es das

erstere, so tut er gut, sich »anderen Sphären reiner Tätigkeit« zuzuwenden. Gerhart Hauptmann aber darf aushalten auf dem Felde, das er gewählt, und er *wird* aushalten, denn er hat nicht bloß den rechten Ton, er hat auch den rechten Mut und zu dem rechten Mute die rechte *Kunst*. Es ist töricht, in naturalistischen Derbheiten immer Kunstlosigkeit zu vermuten. Im Gegenteil, richtig angewandt (worüber dann freilich zu streiten bleibt), sind sie ein Beweis höchster Kunst.

Das ungefähr waren meine Betrachtungen, als ich das Stück Gerhart Hauptmanns *gelesen*. Er erschien mir einfach als die Erfüllung Ibsens. Alles, was ich an Ibsen seit Jahr und Tag bewundert hatte, das »Greift nur hinein ins volle Menschenleben«, die Neuheit und Kühnheit der Probleme, die kunstvolle Schlichtheit der Sprache, die Gabe der Charakterisierung, dabei konsequenteste Durchführung der Handlung und Ausscheidung alles nicht zur Sache Gehörigen – alles das fand ich bei Hauptmann wieder, und alles, was ich seit Jahr und Tag an Ibsen bekämpft hatte: das Spintisierige, das Mückenseigen, das Bestreben, das Zugespitzte noch immer spitzer zu machen, bis dann die Spitze zuletzt abbricht, dazu das Verlaufen ins Unbestimmte, das Orakeln und Rätselstellen, Rätsel, die zu lösen niemand trachtet, weil sie vorher schon langweilig geworden sind, alle diese Fehler fand ich bei Gerhart Hauptmann *nicht*. Kein von philosophisch-romantischen Marotten gelegentlich angekränkelter Realist, sondern ein stilvoller Realist, das heißt von Anfang bis Ende derselbe.

So stand ich zu dem jungen Dichter und seinem Stück, und so gewappnet und gefeit (wie ich glaubte) trat ich gestern ins Theater. Und ich bin auch in meinen Grundanschauungen unerschüttert geblieben, kann aber andererseits nicht in Abrede stellen, daß die Wirkung der Aufführung eine von der Lektüre sehr verschiedene war. Sie war nicht geringer, sie war nur ganz anders. Szenen, wie beispielsweise die, wo Loth seinem Freunde Hoffmann und der Tochter des Hauses sein politisches Programm entwickelt, die Liebesszene zwischen Loth und Helene, die Streitszene zwischen Loth und Hoffmann und endlich die große, den halben vierten Akt füllende Szene zwischen Loth und Dr. Schimmelpfennig, alle diese vergleichsweise herkömmlichen Szenen – herkömmlich in *dem* Sinne, daß in ihnen nichts geschieht oder gesagt wird, was nicht in jedem anderen guten Stück auch hätte getan oder gesagt werden können – alle diese Szenen waren von großer und von niemandem im Publikum beanstandeter Wirkung, während alle *die* Vorkommnisse, die dem Stücke, wohl oder übel, seine bestimmte Physiognomie geben und so recht eigentlich das waren, wovon ich mir eine mächtige, sozusagen kunstrevolutionäre Wirkung versprochen hatte, ziemlich spurlos vorübergingen. Im Publikum wurden dabei, je nach der Parteistellung, mehr oder weniger heftige Beifalls- oder Mißfallenszeichen laut, ein zustimmendes oder ein verhöhnendes Lachen, auch wohl eins jener kritischen Impromptus, darin die Berliner exzellieren – von einer großen Wirkung war aber nichts wahrzunehmen, weder bei Freund noch Feind, und befrage ich mich, welchen Eindruck ich persönlich von *den* Szenen empfing, auf die ich, wenn ich Sportsman wäre, gewettet haben würde, so war es vorwiegend der der Langeweile. Zumeist zeigte sich das im zweiten Akt, den ich, nach der Lektüre, für den besten und genialsten des ganzen Stückes erklärt hatte. Jetzt, bei der Aufführung, schuf er mir eine große Enttäuschung, und der Grusel, der hier durch eine Häufung von Entsetzlichkeiten hervorgebracht werden soll und auf den das Stück und sein tragischer Ausgang zu gutem Teile gestellt ist, blieb aus. Man sah einen schwer Betrunkenen und einige Imbeziles. Durch stärkeres Betonen der Brutalitätselemente, die der Dichter, in vollem künstlerischem Bewußtsein, hier vorgeschrieben hat, wäre diese Nichtwirkung freilich leicht in eine starke Wirkung umzusetzen gewesen, aber es ist mir nachträglich doch ganz sicher, daß das dem Grusel auch nicht aufgeholfen, sondern nur einfach das Widerliche (mit vielleicht sehr bedenklichen Folgen für den Ausgang des Stücks) an die Stelle des prosaisch Indifferenten gesetzt hätte. Und so hatten denn Oberleitung und Regie von zwei Übeln das klei-

nere gewählt. Das aber nahm ich, als Resultat dieser Aufführung, für mich persönlich mit heim, daß der Realismus,
auch der künstlerischste, wenn er aus dem Buch auf die Bret-
ter tritt, doch gewissen Bühnengesetzen unterworfen bleibt,
und daß Züge lebendigen Lebens, die dem realistischen Roman, auch wenn sie häßlich sind, zur Zierde gereichen, auf
der Bühne prosaisch wirken, wenn man ihnen die Locken
ihrer Kraft nimmt, oder abstoßend, wenn man ihnen ihre
Echtheit beläßt.

[...]
Über Hauptmanns Drama wird noch viel gestritten und
manche vieljährige Freundschaft ernster oder leichter gefähr-
det werden, aber über eines wird *nicht* gestritten werden können, über den Dichter selbst und über den Eindruck, den sein
Erscheinen machte. Statt eines bärtigen, gebräunten, breit-
schultrigen Mannes mit Klapphut und Jägerschem Klapprock
erschien ein schlank aufgeschossener junger blonder Herr,
von untadligstem Rockschnitt und untadligsten Manieren, und
verbeugte sich mit einer graziösen Anspruchslosigkeit, der wohl
auch die meisten seiner Gegner nicht widerstanden haben.
Einige freilich werden aus dieser Erscheinung, indem sie sie
für höllische Täuschung ausgeben, neue Waffen gegen ihn entnehmen und sich gern entsinnen, daß der verstorbene Ge-
heime Medizinalrat Casper sein berühmtes Buch über seine
Physikats- und gerichtsärztlichen Erfahrungen mit den Worten
anfing: »Meine Mörder sahen alle aus wie junge Mädchen.«

GERHART HAUPTMANN
Die Weber

Aufführung vom 25. September 1893 im Deutschen Theater

Es ist ein Drama der Volksauflehnung, das sich dann wieder,
in seinem Ausgange, gegen diese Auflehnung auflehnt, etwa
nach dem altberlinischen Satze: »Das kommt davon.«

Was Gerhart Hauptmann für seinen Stoff begeisterte, das war zunächst wohl das Revolutionäre darin; aber nicht ein berechnender Politiker schrieb das Stück, sondern ein echter Dichter, den einzig das Elementare, das Bild von Druck und Gegendruck reizte.

Die »Weber« wurden als Revolutionsdrama gefühlt, gedacht, und es wäre schöner und wohl auch von unmittelbar noch mächtigerer Wirkung gewesen, wenn es sich ermöglicht hätte, das Stück in dieser seiner Einheitlichkeit durchzuführen. Es ermöglichte sich aber *nicht*, und Gerhart Hauptmann sah sich, und zwar durch sich selbst, in die Notwendigkeit versetzt, das, was ursprünglich ein Revolutionsstück sein sollte, schließlich als Antirevolutionsstück ausklingen zu lassen. Es ließ sich nicht anders tun, nicht bloß von Staats und Obrigkeits, sondern, wie schon angedeutet, auch von Kunst wegen. Todessühne, Zugrundegehn eines Schuldigen, das ist ein Tragödienschluß, Radau mit Spiegelzertrümmerung nicht. Das ist einerseits zu klein, andrerseits die reine Negation. Wir wollen das Unrecht unterliegen, aber zugleich auch das Recht (das kein absolutistisches zu sein braucht) triumphieren, sich als Rocher de Bronce stabilieren sehn. Was triumphiert, muß des Triumphes würdig sein. Hier aber, am Schluß des vierten Aktes, hätte der abschließende revolutionäre Sieg nichts bedeutet als – was eben zu wenig ist – den Sieg der Rache. Das Einsehen davon schuf den fünften Akt. Auch in ihm – wiewohl er nicht bloß ein Verstandes-, sondern sogar ein Widerspruchsprodukt ist – bewährt sich noch Gerhart Hauptmanns großes dichterisches Talent, aber doch mit der Einschränkung, die sich aus dem alten »Gebt ihr euch einmal für Poeten, so kommandiert die Poesie«, wie von selbst ergibt.

Der fünfte Akt ist ein Notbehelf, ein Zwang, aber, was uns trösten muß, ein Zwang, der nicht bloß in Klugheitserwägungen oder wohl gar in von außen kommenden Einflüssen, sondern viel viel mehr in der eignen Einsicht von der Unvermeidlichkeit einer solchen Zutat wurzelt.

Daß dadurch etwas entstand, was revolutionär und antirevolutionär zugleich ist, müssen wir hinnehmen und trotz des Gefühls einer darin liegenden Abschwächung doch schließlich auch gutheißen. Es ist am besten so, denn das Stück erhält durch dieses Doppelgesicht auch eine doppelte Mahnung, eine, die sich nach oben, und eine andre, die sich nach unten wendet und beiden Parteien ins Gewissen spricht.

In einer gewissen Balancierkunst des fünften Aktes gegen die vier voraufgegangenen erinnert das Stück an Schillers »Tell«.

Anhang

NACHWORT

Einen »bedenklichen, unverzeihlichen Fehltritt« habe Fontane be-
gangen, als er für die »Vossische Zeitung« das Amt des Berichterstatters
über die Königlichen Schauspiele in Berlin übernahm; denn »eine so
reine Dichtergestalt sollte füglich der theaterkritischen Schminke
entraten«. So las man es in einer Schrift über Berliner Theaterkritiker
aus dem Jahre 1884. Zehn Jahre zuvor hatte Fontane einen anonymen
Brief erhalten, in dem er als »Nörgler und Quärulant« bezeichnet
wurde, der bei der Beurteilung einer schauspielerischen Leistung
»rücksichtslos« vorgegangen sei und »gemein«. Dagegen hat sich ein
jüngerer Kritikerkollege nach einem halben Jahrhundert noch an
Fontanes »Theaterberichte« mit ihrem »höchst natürlichen plauder-
samen Sprechstil« erinnert: »Alle Welt las sie gern; er berichtete viel
besser, als heute [1929] berichtet wird ...« Und kein Geringerer als
Kurt Tucholsky, der eine Auswahl aus diesen Texten kannte, die
1905 als Buch erschienen war, schrieb 1919, in einem Feuilleton zu
Fontanes hundertstem Geburtstag: »Der Theaterkritiker hat's schlecht
mit der Nachwelt. Die holt ihn wohl einmal hervor, wenn sie etwas
nachschlagen will – aber im großen ganzen kümmert sie sich nicht
viel um den Mann, der damals das theatralische Tuch mit der Elle gemessen hat. Und doch: Lest vom alten Fontane seine ›Causerien über
Theater‹ ... – und ihr werdet schmunzeln und lächeln und blättern
und lesen und immer weiterlesen ...«

Mehr als sechshundert – oft ausführliche – Theaterkritiken aus Fontanes Feder sind in den Jahren 1870 bis 1891 in der »Vossischen Zeitung« erschienen, gezeichnet mit der Chiffre Th. F. Daß man sie als
Theater-Fremdling deutete, hat den Verfasser eher amüsiert als ge-
kränkt. »Denn, offen gestanden, ich hatte nicht den Ehrgeiz, ein
Theater-Habitué zu sein, und betrachtete das Wort, das mich in der
Theaterwelt entwerten sollte, eigentlich als ein Lob, eine Ehrener-
klärung.« So jedenfalls steht es in den fragmentarischen Aufzeichnun-
gen zu Fontanes dritter Autobiographie, und daß wir es hier nicht

mit einer nachträglichen Selbststilisierung zu tun haben, geht aus
einem Brief hervor, den er im Februar 1871, ganz am Anfang seiner
»Kritikerjahre« also, an den böhmischen Schriftsteller Alfred Meiß-
ner geschrieben hat und in dem es heißt: »Meine Teilnahme für die
Theaterwelt bleibt eine sehr begrenzte; die eigentlichen Theater-
menschen nehmen die Bühne für die Welt, während *mir* sie nur ein
kleines Stückchen davon ist.«

Ein »Theaterfremdling« in des Wortes eigentlicher Bedeutung war
Fontane keineswegs. Wann immer er in Berlin lebte, hat er die Vorstellungen im Schauspielhaus besucht, und als er von Juli 1842 bis
Ostern 1843 als Apotheker in Dresden arbeitete, schrieb der Zwei-
undzwanzigjährige seine ersten Theaterberichte, in deren einem es
heißt: »Das Theater ist es, dem ich einzig und allein jeden Genuß
verdanke, der mir seit meiner Anwesenheit hierselbst geboten
wurde.« Wenig später wird er sich sogar selbst als Dramatiker versuchen; doch das historisch-politische Stück »Karl Stuart« bleibt un-
vollendet. »In Zeiten, wo man bei der Polizei anfragen muß, ob sie
einem diesen oder jenen alten Markgrafen zu künstlerischer Verar-
beitung gestatten und in der 3. Szene des 3. Akts einen halben Frei-
heitsgedanken erlauben will, in solchen Zeiten … *kann* man allerdings immer noch ein Shakespeare sein, aber es wird einem doch
wirklich zu sauer gemacht, besonders in Erwägung des Umstandes,
daß man mutmaßlich keiner ist.« Mit diesen Worten, Ende 1856 von
London aus an seine mütterliche Freundin Henriette von Merckel
gerichtet, hat sich Fontane ein für allemal von dem Gedanken verab-
schiedet, als dramatischer Dichter eine Rolle spielen zu können.
Theaterkritiken aber hat er schon damals in London geschrieben,
»insonderheit mit Rücksicht auf Shakespeare«; sie sind zuerst in deutschen Zeitschriften und später auch als Buch erschienen. Im Unterschied zu den deutschen Hofbühnen war das englische Theater ein
Volkstheater; Fontane saß dort mitunter zwischen »einem Arbeits-
mann von den Werften und einem Grenadier von der schottischen
Füsiliergarde«, und was er aus solchen Vorstellungen »mit heimnahm«,
war »die Überzeugung von der *Shakespeareschen Popularität* gerade bei
den unteren Schichten der Gesellschaft«.

Anfang 1859 war Fontane endgültig von London nach Berlin zu-
rückgekehrt, nachdem das preußische Ministerium Manteuffel ge-
stürzt worden war, dem er, der Not gehorchend, mehr als acht Jahre
lang als Journalist gedient hatte, zuletzt als eine Art staatlich legiti-

mierter Emigrant in England. Da es ihm nicht gelang, sich mit den Männern der »Neuen Ära« zu arrangieren, hat er während der nächsten zehn Jahre für das Blatt der preußischen Erzkonservativen, die »Neue Preußische [Kreuz-]Zeitung«, die Berichte über England redigiert und Leitartikel geschrieben, während er in seiner freien Zeit, unter anderm, an den »Wanderungen durch die Mark Brandenburg« arbeitete und an seinem ersten Roman, »Vor dem Sturm«. Am 20. April 1870 hat er seine Stelle bei der Kreuzzeitung gekündigt; am 17. August desselben Jahres saß er zum erstenmal als Kritiker der »Vossischen Zeitung«, des führenden liberalen Blattes der preußischen Hauptstadt, in einer Aufführung von Schillers »Wilhelm Tell« im Schauspielhaus am Gendarmenmarkt.

Die »Königlich privilegierte Berlinische Zeitung von Staats- und gelehrten Sachen« – so der umständliche offizielle Titel des Blattes – übte, nach dem Zeugnis des gleichfalls zu ihrem Redaktionsstab zählenden Kunst- und Modekorrespondenten Ludwig Pietsch, einen von keiner anderen Zeitung erreichten »mächtigen Einfluß auf die Anschauung der Berliner von ebendiesen ›Sachen‹« aus. »Als ständiger Mitarbeiter an ihr verpflichtet zu sein war für einen politischen oder feuilletonistischen Journalisten ein Glück …« Fontane hat ähnlich empfunden; rückblickend schrieb er 1895 an den Chefredakteur des Blattes: »Ich habe zwanzig Jahre lang der Zeitung angehört und habe während dieser zwanzig Jahre nur Liebes und Gutes erfahren. Liebes und Gutes in seltenem Maße.« Und er erinnert besonders an das Entgegenkommen des Verlegers, der ihm 1876, als er eine Zeitlang Erster Sekretär der preußischen Akademie der Künste gewesen war, die Stelle aber nach unerfreulichen Differenzen bald wieder gekündigt hatte, den Wiedereintritt in die Redaktion ermöglichte. »Bis in meine letzten Lebensstunden werde ich ihm dafür dankbar sein. Denn es war eine *sehr* kniffliche Situation.« Das Schreiben von Theaterkritiken hat ihm, zwanzig Jahre lang, nicht nur regelmäßige Einnahmen gewährleistet; es hat ihn auch wesentlich mehr befriedigt als das Verfassen von Leitartikeln und Korrespondenzberichten.

Fontane war als Theaterkritiker nur für die Aufführungen am Königlichen Schauspielhaus zuständig; die Inszenierungen der übrigen Berliner Bühnen besprach ein anderer. Es müsse angesichts der Sensationsgier der »Menge« ein paar »hochgelegene Stätten« geben, schrieb er einmal, »wo eine reinere Luft weht und ein gesünderer Quell aus dem Felsen springt. Und eine solche ›hochgelegene Stätte‹, eine

Stätte wirklicher Kunstpflege soll unser Königliches Schauspielhaus sein.« Diese Formulierung wie auch manche weitere Partie oder Bemerkung in den Kritiken lassen die Kluft zwischen Anspruch und Wirklichkeit wenn nicht immer deutlich erkennen, so doch ahnen. Gleichwohl hat Fontane vom ersten bis zum letzten Abend mit niemals nachlassender Aufmerksamkeit das Geschehen auf der Bühne verfolgt, sich schon im Theater Notizen gemacht und, meist am folgenden Tage, die Besprechung mit aller Sorgfalt ausgearbeitet. Paul Schlenther, Fontanes Nachfolger im Kritikeramt und erster Herausgeber einer Auswahl seiner »Causerien über Theater«, hat seinen Eindruck überliefert: »Mit rührender Pünktlichkeit erschien er zur Anfangsstunde im Schauspielhaus und harrte durch bis ans Ende. Wenn er sich auf der äußersten Rechten des Parketts dicht unter der Intendantenloge auf seinen angestammten Eckplatz niedergelassen hatte, sah man ihn mit hochgezogenen Brauen dasitzen, den Oberkörper vorgebeugt, das schöne Dichterhaupt in den Nacken geworfen, den sorgenvollen Blick gespannt, in leibhaftiger Fragestellung. Im ganzen Publikum gab es keinen aufmerksameren Lauscher, keinen scharfsichtigeren Betrachter. Wie alles in Kunst und Leben Eindruck auf ihn machte, so nahm er auch von diesen notgedrungenen Theaterbesuchen stets etwas Besonderes mit sich, freilich auch Bedenken, Zweifel, Qual. – Er rang nicht wie andere um Meinung und Form. Aber ihn peinigte das Gefühl, anderen wehe tun zu sollen und sein persönliches Empfinden, das für ihn die Richtschnur seines Urteils blieb, als einen Gerichtsbeschluß auf Tod und Leben unter das Volk geworfen zu sehen. Darum schrieb er nicht gern und nicht leicht ...« Erschwerend kam noch hinzu, daß er, der an seinen Texten wiederholt nachzubessern und zu feilen pflegte, in diesen Fällen keine Möglichkeit hatte, wenigstens eine Korrektur der gesetzten, aber noch nicht gedruckten Kritiken mitzulesen. Wiederholt hat er sich über die »Druckfehlerei« bei der »Vossischen Zeitung« aufgeregt, wenn er, zum Beispiel, in einer seiner Rezensionen *Grethe* statt *Goethe* las. Meist hat er seine Besprechungen nachträglich korrigiert, aus der Zeitung ausgeschnitten und aufbewahrt.

Als Fontane seine Kritikertätigkeit aufnahm, stand seit beinahe zwanzig Jahren Botho von Hülsen als Generalintendant an der Spitze der Königlichen Bühnen in Berlin. Er hatte seine Ausbildung am Potsdamer Kadettenhaus erhalten, »wo sich«, wie Fontane einmal schrieb, »bei jeder gebotenen Veranlassung seine entschiedene Vorliebe fürs Theater zeigte«. Später, im Berliner Kadettenkorps, betätigte er sich als Laienspieler in Possen und Komödien, und als junger Offizier verfaßte er Parodien auf Goethes »Faust« und Schillers »Wallenstein«, was ihn für den preußischen Hof zum Amt des Generalintendanten qualifizierte, nachdem er als Kompaniechef im Mai 1849 geholfen hatte, den Dresdener Aufstand niederzuschlagen. Allerdings soll der preußische König Friedrich Wilhelm IV. gelacht haben, als er die Bestallungsurkunde unterschrieb.

Hülsen leitete das Opern- und das Schauspielhaus nach militärischem Reglement, denn ein anderes kannte er nicht, und setzte sich damit heftiger Kritik in der Presse aus. Als er den mißliebigen demokratischen Zeitungen das Recht auf unentgeltliche Premierenkarten entzog, solidarisierten sich die Redakteure der liberalen Blätter, allen voran die der »Vossischen Zeitung«, mit ihren gemaßregelten Kollegen. Auch mancher Autor hat sich, öffentlich oder privat, äußerst kritisch geäußert. So schrieb Friedrich Hebbel im Jahre 1862, das Berliner Hoftheater nehme sich aus »wie eine Kinnlade, der bis auf einige Stümpfe die Zähne fehlen«. Und Gottfried Keller, der in der ersten Hälfte der fünfziger Jahre in Berlin lebte, meinte, der neue Intendant habe, »als ehemaliger Gardeleutenant«, den Konstitutionalismus am Schauspielhaus abgeschafft. Drastischer noch äußerte sich Theodor Storm um die gleiche Zeit, nachdem er eine Aufführung des »König Lear« gesehen hatte, in einem Brief an seine Frau: »Der Narr, den Dessoir gab, und zwar in seltner Vollendung, machte eine wundervolle tragische, wenigstens höchst rührende Wirkung. ... Übrigens war der Lear, und alle männlichen Rollen, so mäßig besetzt, daß es im ganzen doch wieder nur Tierquälerei war. Sie können etwas Großartiges hier durchaus nicht geben; teils fehlt es wohl an wirklich gebildeten Schauspielern, teils ist die Oberleitung (Intendanz) in rohen Händen.« Das alles war um so gravierender, als die Königlichen Bühnen keiner staatlichen Kontrolle unterlagen. Der Generalintendant war nur dem Hof, nicht dem Staat gegenüber verantwortlich, und die Subventionierung »seiner« Theater erfolgte allein aus der Privatschatulle des Souveräns.

Am entschiedensten ging 1883, dem Gründungsjahr des Deutschen Theaters, Paul Schlenther mit dem Generalintendanten der Berliner Königlichen Bühnen ins Gericht. Die als »Jubiläumskritik« bezeichnete Schrift »Botho von Hülsen und seine Leute« ist in Wahrheit ein bitterböses Pamphlet. Hülsen, schrieb Schlenther, habe »von seinem

Standpunkte Recht«, die achtzehn Jahre seiner Militärzeit mit den zweiunddreißig Jahren seiner Theaterleitung zusammenzuzählen, »da er auch als Bühnenchef niemals aufhörte, vor allem Soldat zu sein«. Das Berliner Schauspielhaus habe unter seiner Leitung »eine künstlerische Rückbewegung« vollzogen. »Bunte Gestalten umdrängen uns: eine krause Heerschar von gebildeten und ungebildeten Talenten, von geschulter und ungeschulter Talentlosigkeit; wenig echte Künstler inmitten von Dressur und unreifer Natur.« Bei dem »besseren Berliner Theaterpublikum« seien »die klassischen Vorstellungen des Schauspielhauses schon längst in einen gelinden Bann getan«; »wenn zwei literarisch Gebildete einander dort begegnen, so schlagen sie wie verschämt die Augen nieder, als hätten sie sich auf einer Dummheit ertappt ...« Daß es sich hier, bei aller Überspitzung, um tendenziell richtige Beobachtungen handelt, geht aus dem Buch »Das Theater der Gegenwart. Geschichte der dramatischen Bühnen seit 1870« hervor, das der Dramaturg und Kritiker Julius Bab 1928 veröffentlicht hat und in dem er, nach mündlichen und schriftlichen Berichten von Augen- und Ohrenzeugen, zu dem Ergebnis kommt, daß damals das Berliner Schauspielhaus über »ein riesenhaftes Personal von braven Darstellungsbeamten« und nur über vier wahre Künstler verfügt habe: Johanna Minona Frieb-Blumauer, Theodor Döring und aus der jüngeren Generation Paula Conrad und Arthur Vollmer.

1888 – Botho von Hülsen war zwei Jahre zuvor gestorben – erschien die Schrift »Berlin als Theaterhauptstadt« von Maximilian Harden, der über das Königliche Schauspielhaus unter der Leitung des ehemaligen Staatsbeamten Graf Bolko von Hochberg ganz ähnlich urteilt wie seinerzeit Schlenther über die Ära Hülsen. Das Haus sei »eine nicht ernsthaft zu nehmende Luxusanstalt geworden«, und sein Repertoire bedeute »einfach den künstlerischen Bankerott, den völligen Verzicht auf jede führende Stellung im deutschen Theaterleben«. »Gelehrte, Beamte, geistige Arbeiter jeglicher Art« hätten längst auf den Besuch dieses Theaters verzichtet. »Graf Hochberg ist nicht nur Bureaukrat, was schlimm für die arg reglementierten und disziplinierten Künstler ist, er ist auch Dilettant, und das ist schlimmer für die Kunst.«

Vor dem Hintergrund solcher Urteile erweisen sich die zahlreichen abschätzigen Bemerkungen Fontanes in den Kritiken sowie manche seiner Sarkasmen als mehr denn bloße Detailkritik. Er wußte sehr wohl, daß das Berliner Hoftheater den an sein Repertoire, an die schauspielerischen Leistungen, an Regie und Ausstattung gerichteten Ansprüchen, alles in allem genommen, nicht gerecht wurde. Fontane hat Schlenthers Schrift gelesen und sie »überreich« gefunden »nicht bloß an glänzenden Bemerkungen«, sondern auch »an scharfen und richtigen Beobachtungen«. Trotzdem sei das Ganze »eine Ungerechtigkeit«. »Denn aller Mängel Hülsens unerachtet ist seine Verwaltung und sein Verwaltungs-*Resultat* um kein Haar breits schlechter als das was Wien oder München oder Dresden oder Hamburg seit 30 Jahren geleistet hat.« Fontane hat Botho von Hülsen stets recht nachsichtig beurteilt, nicht nur in einem Nachruf in der »Vossischen Zeitung« vom 1. Oktober 1886, sondern auch schon sechsundzwanzig Jahre zuvor in einem (anonymen) Artikel für ein »Biographisches Lexikon der Gegenwart«. Hülsen habe, heißt es da, »dem Schlendrian ... ein Ende gemacht und ... einen Geist der Ordnung, der Disziplin, der Gerechtigkeit, eine straffere Haltung, die dringend nottat, an die Stelle gesetzt«. Ob die »Rückbewegung« des Königlichen Schauspielhauses dem paramilitärischen Leitungsstil und dem Dilettantismus seines (oder seiner) Intendanten anzulasten ist oder ob sie einfach der Stagnation des kulturellen Lebens in der Hauptstadt des jungen Deutschen Reiches geschuldet war, kann hier dahingestellt bleiben. Die Tatsache selbst ist ausreichend belegt, nicht zuletzt durch Fontane selbst.

In einer (hier nicht aufgenommenen) Kritik der Aufführung von Goethes »Geschwister« im Februar 1881 findet sich diese Reflexion des Rezensenten: »Es gibt viele Leute, denen die Frage: ›Spielt heute *der* oder *der*?‹ viel wichtiger ist als die Frage: ›Wird heute *dies* oder *das* gegeben?‹; das Personeninteresse geht in ihren Augen allem andern vor ... Es sind das die recht *eigentlichen* Theaterleute, die Habitués ...« Fontane gehörte dieser Kategorie der Theaterstammgäste nicht an. Ihn interessierten die aufgeführten Stücke und ob sie seinen Vorstellungen und Erwartungen gemäß dargestellt wurden. Aller »Aufführungspomp« war ihm zuwider; hohles Pathos, Deklamation statt Spiel waren ihm nichts als »ein großes Gelärm«. Und so kam es, daß ihn kaum eine der vielen Klassikerinszenierungen befriedigte. »Iphigenie‹, ›Tasso‹ (in den Frauenrollen) und die ›Braut von Messina‹ einerseits, ›Tell‹, ›Wallenstein‹ und die ›Jungfrau von Orleans‹ andrerseits – wie leblos, wie unberührt vom Geiste der Dichtung ziehen alle diese Gestalten an uns vorüber. Bei den klassischen Rollen gebricht es an Verständnis und großem Stil, bei den romantischen an Erfindung;

alles wird mechanisch zusammengeschoben, die Teile sind da – ›fehlt leider nur das geistige Band‹.« So schrieb er 1874, und fünfzehn Jahre später: »Die klassischen Aufführungen schaffen seit geraumer Zeit das Seitenstück zu den leeren Kirchen.« Bei solcherart Klassikerdarbietungen konnte es schon einmal vorkommen, daß der Kritiker sein Unbehagen an der Aufführung auch das Stück und dessen Autor entgelten läßt – etwa wenn er im »Tasso« nur einen »verklärten Weimarer Hof« sieht oder »Minna von Barnhelm« als »antiquiert« empfindet. Und als er in der Rezension einer Aufführung von »Kabale und Liebe«, wo er sich vor allem mit dem Spiel eines weiblichen Gastes befaßt, auch kurz auf das Stück selbst zu sprechen kommt, das seinen »alten Zauber« wieder bewährte, da zeigt er sich beinahe überrascht davon, daß es »mit all seinen Unglaublichkeiten« doch so »furchtbar wahr« ist »bis diesen Tag«.

Julius Bab hat in seinem bereits zitierten Buch die Klassikeraufführungen des Königlichen Schauspielhauses als »lustlose Pflichterfüllung« bezeichnet. Fontanes Kritiken bestätigen das an mehr als einer Stelle. Dabei wußte er sehr wohl zu differenzieren, und nichts ist ihm weniger anzulasten als Freude am Verriß. Selbst dort, wo er nicht umhinkann, seine Enttäuschung in deutliche Worte zu fassen, ja auch wo er ironisch und sarkastisch kritisiert, spürt man, daß es ihm lieber gewesen wäre, loben und rühmen zu können. Paul Schlenther hatte schon recht, als er meinte, Fontane habe nie leichtfertig einen »Gerichtsbeschluß auf Tod und Leben« verkündet. Uneingeschränkte Zustimmung erfahren die Bemühungen der Intendanz um eine umfassende Shakespeare-Pflege, auch wenn die Ergebnisse nicht immer den Erwartungen entsprachen und namentlich einem Vergleich mit den Aufführungen der Londoner Theater nicht standhielten. Gleiches gilt von den Versuchen, Tragödien des Sophokles auf die Bühne des 19. Jahrhunderts zu bringen. »Es ist Pflicht«, heißt es zu Beginn der Besprechung einer »König Ödipus«-Inszenierung, »der obersten Leitung des Theaters für diese ernst und aufrichtig gemeinten Versuche zu danken. Ob sie alle gelingen werden, diese Betrachtung darf unsere Freude über die Versuche selbst nicht stören. Das Streben ist das Entscheidende, nicht der Erfolg.«

Am 10. Oktober 1876 wurde im Berliner Schauspielhaus »Prinz Friedrich von Homburg« aufgeführt, vorgeblich zum 100. Geburtstag Heinrich von Kleists, in Wahrheit jedoch ein Jahr und acht Tage früher, weil man damals noch einer falschen Überlieferung folgte.

Fontane war, mehr als von manchem »klassischen« Werk, fasziniert von diesem »schönsten und vollendetsten Stück, das uns der unglückliche, an der Zeiten Mißgunst gescheiterte Dichter hinterlassen hat«. Zuvor schon hatte er eine Aufführung der »Hermannsschlacht« besprochen und dabei besonders die Unsentimentalität und Phrasenlosigkeit des Stücks hervorgehoben, die Balance von *patriotischem* und *ästhetischem* Empfinden des Dichters. Schade, daß Fontane sich nicht zu dem ersten Aufführungsversuch der »Penthesilea« im April 1876 (mit Clara Ziegler in der Titelrolle) äußern konnte; er fiel in die Zeit, da er wegen seines Amtes an der Akademie als Theaterkritiker pausieren mußte.

Mit einem der Kleistschen Bühnenwerke, noch dazu dem populärsten, wurde Fontane »nicht recht froh«: Der »Zerbrochne Krug«, so meinte er, sei ein »Lesestück«. Viele Jahre zuvor hatte er geschrieben: »Das Stück ist wahrscheinlich ein Spielstück.« Auf den Unterschied zwischen »Spielstücken« und »Lesestücken« hat Fontane häufig hingewiesen. Er wußte, daß nicht jede bedeutende Dichtung in dramatischer Form auch bühnengerecht und bühnenwirksam und nicht jedes erfolgreiche Stück eine bedeutende Dichtung ist. So hat er den künstlerischen Wert bestimmter Dramen von Hebbel und Grillparzer sehr wohl zu würdigen gewußt, als er die Ursachen für ihre Unaufführbarkeit analysierte.

Im Unterschied zu jenen bühnenunwirksamen Dichtungen aber ging er mit all den historisierenden Dramen ins Gericht, deren »schöne Sprache« den Kritiker nicht über das »Gefühlsunwahre« zu täuschen vermochte. Auch hier bestätigt Fontane eine spätere Bemerkung Julius Babs, der sich über die »ewig gleichen und schnellst vergänglichen Jambendramen« mokierte, »die man für eine Steuer an den literarischen Geist der Gegenwart hielt«. Viele dieser Stücke hatten eine ähnliche Funktion wie die in den siebziger Jahren entstandenen, Kaiser und Reich verherrlichenden Gemälde Anton von Werners, von denen – nach einem bissigen Wort Harry Graf Kesslers – »Ministerien und Unterbeamtenwohnungen ... ihre Stimmung« erhielten.

Fontane war kein Gegner der Bismarckschen Reichseinigung wie Theodor Storm, und die Wilhelm Raabesche »Reichsverdrossenheit« war ihm, bei aller Skepsis und aller Kritik, im Grunde seines Herzens fremd; daher hatte er auch nichts gegen patriotische Stücke – aber sehr viel gegen patriotische Phrasen und Geschichtsklitterungen. Daß er Wildenbruchs »Quitzows« fast über den grünen Klee lobt, hängt wahrscheinlich mit seiner Vorliebe für das alte märkische Adelsge-

schlecht zusammen, für all das, was er »Quitzowtum« nannte, für das
»eigentümlich sympathisch berührende Selbstgefühl all derer, die
›schon vor den Hohenzollern da waren‹«. Vielleicht hat ihn diese
Vorliebe für das »Quitzowtum«, wie er es später in dem alten Dub-
slav von Stechlin personifizieren sollte, das Wildenbruchsche Stück
in einem allzu milden Licht erscheinen lassen.

Ausgesprochen mild nehmen sich auch viele Kritiken Fontanes über
heute längst vergessene Possen, Lustspiele und andere Stücke aus, die
dem reinen Unterhaltungsbedürfnis des Publikums dienten. Er hatte
nichts gegen »dramatische Tagesliteratur«, sofern diese nichts anderes
sein wollte als »unterhaltlich«. »Kenntnis des Lebens, Bonsens und
Phrasenlosigkeit« müßten freilich auch solche Stücke auszeichnen;
der Vorwurf, es fehle ihnen an Poesie, treffe ihre Verfasser nicht, im
Gegenteil, das sei »gerade ihr Vorzug«. Nur wenn sie als »Großtaten
deutscher Literatur« angesehen sein wollten, wenn sie gegen den
guten Geschmack verstießen oder einfach schlecht waren, dann
konnte Fontane den schnoddrigen Berliner herauskehren und sagen:
»Ich danke für Obst!«

Die Berichterstattung über den Berliner Theateralltag, wie er am
Königlichen Schauspielhaus zutage trat, gehörte zu den Pflichtauf-
gaben des Kritikers. Seiner Neigung dagegen folgte Fontane seit den
späten achtziger Jahren, indem er sich, selbst als er sein Amt schon nie-
dergelegt hatte, mit Stücken der von ihm so genannten neuen realistischen Schule auseinandersetzte: mit Ibsens »Gespenstern« und dessen
»Wildente«, mit Tolstois »Macht der Finsternis« und, nicht zuletzt, mit
Werken des jungen Gerhart Hauptmann. Diese Werke wurden nicht
im Schauspielhaus aufgeführt, sondern in anderen Berliner Theatern,
zum Teil ausgerichtet von dem 1889 von Otto Brahm, Maximilian
Harden, Paul Schlenther und anderen ins Leben gerufenen Verein »Freie
Bühne«, der sich solcher Stücke annahm, die andere Theater nicht öffentlich aufführen wollten oder durften. Wenngleich Fontane kein
uneingeschränkter Anhänger dieser neuen Schule war, so stand es für
ihn doch fest, daß von ihr eine folgenreiche Erneuerung des deutschen
wie des internationalen Theaters ausging, eine Erneuerung, die auch
die Patina, den Staub und den Schutt beseitigen würde, die sich an und
in dem Haus am Gendarmenmarkt angesetzt und abgelagert hatten.

Das besondere Interesse Fontanes und sein Engagement galt Gerhart Hauptmann, einem »wirklichen Hauptmann der schwarzen Rea-
listen-Bande« und einem »völlig entphrasten Ibsen«, wie es in einem

Brief an seine Tochter einmal heißt. Nachdem er sich 1889 für Hauptmanns Erstling »Vor Sonnenaufgang« engagiert und im folgenden
Jahr auch noch »Das Friedensfest« besprochen hatte, ging er im September 1893 ins Deutsche Theater, das jetzt, anstelle des Königlichen
Schauspielhauses, das Berliner Theaterleben repräsentierte, um sich
dort die erste öffentliche Aufführung der »Weber« anzusehen und
dann über dieses Stück seine letzte Kritik zu schreiben. Sie ist, als einzige der hier abgedruckten Besprechungen, nicht in der »Vossischen
Zeitung« erschienen, sondern, erst im darauffolgenden Jahr, anonym,
in einer nichtöffentlichen Pressekorrespondenz. Die Feststellung,
daß es sich hier um ein Stück handelt, das, als »Revolutionsdrama«
gefühlt und gedacht, als »Antirevolutionsstück« ausklingen mußte,
erweist den alten Fontane als einen Theater- und Literaturkritiker
von hohen Graden. Fast ein halbes Jahrhundert danach sprach Hauptmann, ohne die Einzelheiten ihrer Beziehungen noch im Gedächtnis
zu haben, von Fontane als von seinem »höchsten Protektor«.

Schon 1873 hatte Fontane an den Schauspieler Maximilian Ludwig
geschrieben, die Berechtigung zu seinem Metier als Theaterkritiker be-
ruhe auf »Feinfühligkeit künstlerischen Dingen gegenüber«, und an
diese seine Feinfühligkeit hätte er »einen festen Glauben«; »hätt ich ihn
nicht, so legte ich heute noch meine Feder als Kritiker nieder. Ich habe
ein unbedingtes Vertrauen zu der Richtigkeit meines Empfindens.«
Dieses – sowohl in seinem Künstlertum begründete wie auf umfassen-
der Literaturkenntnis beruhende – Empfinden war es, was den »Theater-
Fremdling« Theodor Fontane zu einem genuinen Theaterkritiker prä-
destinierte. »Ich lache und weine noch im Theater, wenn die Situation
komisch oder rührend ist«, hatte der Vierunddreißigjährige einst an
Theodor Storm geschrieben, und von solcher Einfühlungsfähigkeit
und solcher Spontaneität ist ihm bis ins hohe Alter ein gut Teil geblieben
– und dazu der Mut, seine Eindrücke und Urteile unmißverständlich,
ohne Wenn und Aber in der Öffentlichkeit zu vertreten. Dem Resü-
mee, das er Anfang 1891 gegenüber seiner Tochter gezogen hat, bleibt
nichts hinzuzufügen: »Ich habe mich nie für einen großen Kritiker gehalten und weiß, daß ich an Wissen und Schärfe hinter einem Manne
wie Brahm weit zurückstehe, habe das auch immer ausgesprochen,
aber doch muß ich, für natürliche Menschen, mit meinen Schreibereien
ein wahres Labsal gewesen sein, weil doch jeder die Antwort auf die
Frage ›weiß oder schwarz‹, ›Gold oder Blech‹ daraus ersehen konnte;
ich hatte eine klare, bestimmte Meinung und sprach sie mutig aus.«

ÜBERSETZUNG FREMDSPRACHIGER WÖRTER UND WENDUNGEN

113 *demonstratio ad oculos* – (lat.) augenscheinlicher, d. h. einleuchtender Beweis

114 *Suum cuique* – (lat.) Jedem das Seine

116 *Capitaine d'armes* – (franz.) Waffenoffizier

117 *Pontifex maximus* – (lat.) oberster Brückenbauer; übertr.: oberster Priester (Bezeichnung für den Papst)

129 *Noli me tangere* – (lat.) Rühr mich nicht an (nach dem Neuen Testament, Ev. Joh. 20, 17)

C'est mon métier – (franz.) Das ist mein Beruf

134 *from top to toe* – (engl.) von Kopf bis Fuß

143 *Pas* – (franz.) Schritt

Calembourg – (franz.) Kalauer, Wortspiel

144 *sangfroid* – (franz.) Kaltblütigkeit

172 *Rocher de Bronce* – (franz.) Bronzener Felsen (nach einem Ausspruch König Friedrich Wilhelms I. von Preußen über die Souveränität der Krone)

PERSONENVERZEICHNIS

(einschließlich mythologischer und Dramen-Gestalten)

Ahriman, im Parismus (der von Zarathustra gestifteten Religion) der oberste Teufel, die Verkörperung alles Bösen

Alba, Herzog von (1507–1582), spanischer Feldherr; Gestalt in Goethes »Egmont«

Albertus Magnus (um 1200–1280), scholastischer Gelehrter; Lehrer Thomas von Aquins; sein Werk über das Tierreich (de animalibus) ist Teil eines Kommentars zu den naturwissenschaftlichen Schriften des Aristoteles

Anhalt, Prinzessin von – s. Marie Anna

Anno, Anton (1838–1893), ursprünglich Arbeiter, dann Inspizient in Köln; später Schauspieler (Komiker), Regisseur und Bühnendichter; 1884 Direktor des Berliner Residenztheaters, 1887 Direktor des Schauspielhauses; 1889 Oberregisseur am Lessing-Theater

Bauernfeld, Eduard von (1802–1890), österreichischer Lustspieldichter

Baumeister, Antonie (1842–1902), Schauspielerin, von 1866 bis 1875 in München, dann kurze Zeit am Berliner Residenztheater, von 1876 bis 1882 am Kaiserlichen Deutschen Hoftheater in St. Petersburg, danach bis zu ihrem Tod am »Berliner Theater«

Beer, Michael (1800–1833), Dramatiker; Bruder von Giacomo Meyerbeer

Ben Akiba, Rabbi in Karl Gutzkows Trauerspiel »Uriel Acosta«

Benedetti, Vincent Graf (1817–1900), französischer Diplomat; von 1864 bis 1870 Botschafter in Berlin; ein Bericht über seine Unterredung mit Wilhelm I. von Preußen am 6. (nicht am 9.) Juli 1870 wurde von Bismarck in teilweise entstellter Form (»Emser Depesche«) veröffentlicht und so zum auslösenden Moment des Deutsch-Französischen Krieges 1870/71

Benedix, Roderich (1811–1873), Sänger, Schauspieler, Regisseur und vielgespielter Lustspieldichter

Bergmann, Julie (1843–1894), Schauspielerin, von 1862 bis zu ihrem Tod am Berliner Schauspielhaus

Berndal, Karl Gustav (1830–1885), Schauspieler, von 1854 bis zu seinem Tod am Berliner Schauspielhaus

Bernhard, Herzog von Sachsen-Weimar (1604–1639), protestantischer Feldherr im Dreißigjährigen Krieg; belagerte und eroberte im Dezember 1838 Breisach am Rhein und geriet deshalb in einen Streit mit dem Herzog von Richelieu, der ihm die Hand seiner Nichte, der Herzogin von Aiguillon, angeboten hatte

Bethmann, Friederike (1760–1815), Schauspielerin, von 1788 bis zu ihrem Tod am Berliner Schauspielhaus

Birch-Pfeiffer, Charlotte (1800–1868), Schauspielerin und Verfasserin vielgespielter rührselig-trivialer Stücke, häufig nach bekannten zeitgenössischen Romanen oder Erzählungen

Bolz, Conrad, Gestalt in Gustav Freytags Lustspiel »Die Journalisten«

Brachvogel, Albert Emil (1824–1878), Dramatiker und Erzähler

Breitbach, Therese (1837–1889), Schauspielerin, von 1857 bis 1887 am Berliner Schauspielhaus

Bürger, Hugo, eigtl. Hugo Lubliner (1846–1911), Schriftsteller, vor allem Verfasser von Lustspielen

Busch, Moritz (1821–1899), Publizist; Anfang 1870 von Bismarck in das Preßbureau des Auswärtigen Amtes berufen; veröffentlichte später mehrere Bücher über Bismarck

Buska, Johanna (1848–1922), Schauspielerin, von 1868 bis 1880 am Berliner Schauspielhaus; war seit 1880 in erster Ehe mit dem österreichisch-ungarischen Feldmarschall Nikolaus Graf Török, seit 1884 mit Angelo Neumann, dem Direktor des Deutschen Theaters in Prag, verheiratet

Buttler, Gestalt in Schillers »Wallenstein«

Calvin, Johann (1509–1564), schweizerischer Reformator; er glaubte an eine unbedingte Prädestination (Vorherbestimmung), d. h. eine göttliche Erwählung oder Verwerfung des Menschen

Casper, Johann Ludwig (1796–1864), Mediziner; Professor in Berlin; Verfasser eines »Praktischen Handbuchs der gerichtlichen Medizin«

Catilina, Lucius Sergius (108–62 v. Chr.), römischer Patrizier, der versuchte, eine Gewaltherrschaft zu errichten; Typ des gewissenlosen Abenteurers

Chodowiecki, Daniel (1726–1801), deutscher Maler und Kupfer-
stecher; Buchillustrator
Claudius, Matthias (1740–1815), volkstümlich-christlicher Dichter;
Herausgeber des »Wandsbecker Boten«
Condé, Louis Prince de (1621–1686), französischer Feldherr
Conrad, Paula (1860–1938), Schauspielerin, von 1880 bis 1900 am
Berliner Schauspielhaus; seit 1892 verheiratet mit Paul Schlenther
(1854–1916)
Crelinger, Auguste (1795–1865), Schauspielerin, von 1812 bis 1862
am Berliner Schauspielhaus

Dahn, Felix (1834–1912), Historiker, Jurist und Schriftsteller;
Professor in München, Würzburg und Königsberg
Dahn, Ludwig (1843–1898), Bruder des vorigen; Schauspieler, von
1865 bis 1873 am Berliner Schauspielhaus, danach in St. Peters-
burg und München
Dessoir, eigtl. Dessauer, Ludwig (1810–1874), Schauspieler, von
1849 bis 1872 am Berliner Schauspielhaus
Donner, Johann Christian (1799–1875), Altphilologe; Übersetzer
griechischer und lateinischer Schriftsteller
Doré, Gustave (1832–1883), französischer Graphiker, Maler und
Bildhauer; vor allem als Buchillustrator bekannt
Döring, eigtl. Häring, Theodor (1803–1878), Schauspieler, als volkstümlicher Charakterdarsteller berühmt; seit 1845 am Berliner Schau-
spielhaus
Dumas, Alexandre père (1802–1870), außerordentlich erfolgreicher
französischer Dramatiker und Romancier
Duquesne, Abraham (1610–1688), französischer Seeheld

Eberhard im Bart (1445–1496), Herzog von Württemberg seit 1495;
galt (nach einer Ballade von Ludwig Uhland) als »getreu und gut«
Engel, Eduard (1851–1938), Redakteur und Literaturhistoriker;
schrieb u. a. ein Buch über »Psychologie der französischen Literatur«; mit Fontane persönlich bekannt
Erhartt, Luise (1844–1916), Schauspielerin, von 1865 bis 1878 am
Berliner Schauspielhaus; seit 1868 mit dem Grafen Karl von der
Goltz verheiratet, zog sich zehn Jahre später ins Privatleben zurück

Fouqué, Friedrich de la Motte (1777–1843), romantischer Dichter; dramatisierte die Nibelungensage (»Der Held des Nordens«)

Franz, Emil Karl Friedrich (1808–1875), Schauspieler am Berliner Schauspielhaus; seit 1853 am Wiener Burgtheater

Franz, Richard (geb. 1865), österreichischer Schauspieler, von 1884 bis 1887 am Berliner Schauspielhaus

Freytag, Gustav (1816–1895), Schriftsteller; von 1848 bis 1870 mit Julian Schmidt Redakteur der »Grenzboten«, des einflußreichsten Blattes des nationalliberalen Bürgertums; als Dramatiker vor allem durch sein Lustspiel »Die Journalisten« bekannt geworden

Frieb, Johanna Minona, geb. Blumauer (1816–1886), Schauspielerin, seit 1854 am Berliner Schauspielhaus

Friedmann, Siegwart (1842–1916), Schauspieler in Breslau, Wien und Hamburg, von 1864 bis 1871 am Berliner Schauspielhaus; später in Paris, Hamburg und Wien; 1883 Mitbegründer des Deutschen Theaters in Berlin

Friedrich Wilhelm I. (1688–1740), König in Preußen seit 1713, gen. der »Soldatenkönig«; schuf die Grundlage für den preußischen Militarismus

Frohn, Charlotte (1844–1888), Schauspielerin, u. a. am Berliner Residenztheater; seit 1876 verheiratet mit Anton Anno, dem späteren Direktor des Schauspielhauses

Gallait, Louis (1810–1887), belgischer Historienmaler; schuf mehrere theatralische Egmont-Bilder

Geibel, Emanuel (1815–1884), konservativer spätklassizistischer Lyriker und Dramatiker

Genée, Rudolf (1824–1914), Journalist, Theaterdichter und Theaterhistoriker; seine Bearbeitung von Kleists »Hermannsschlacht« erschien 1872

Glaßbrenner, Adolf (1810–1876), Berliner humoristischer und satirischer Schriftsteller und Journalist; redigierte von 1861 bis 1876 die »Berliner Montags-Zeitung«

Goritz, Otto, Schauspieler, von 1872 bis 1885 am Berliner Schauspielhaus

Gottschall, Rudolf (1823–1909), Literaturkritiker, Literaturhistoriker und Dichter

Grillparzer, Franz (1791–1872), österreichischer Dramatiker

Gubitz, Friedrich Wilhelm (1786–1870), Journalist und Holzschneider; von 1823 bis zu seinem Tod Theaterkritiker an der »Vossischen Zeitung«

Gustav II. Adolf (1594–1632), König von Schweden seit 1611; griff 1630 in den Dreißigjährigen Krieg ein und fiel in der Schlacht bei Lützen

Gutzkow, Karl (1811–1878), Journalist, Dramatiker und Erzähler des Jungen Deutschland

Haase, Elise, geb. Schönhoff (1838–1911), Schauspielerin, 1876/77 am Berliner Schauspielhaus; seit 1862 mit Friedrich Haase verheiratet

Haase, Friedrich (1825–1911), Schauspieler, u. a. in Weimar, Potsdam, Prag, Karlsruhe, München, Frankfurt am Main, St. Petersburg; 1869/70 am Berliner Schauspielhaus; von 1871 bis 1876 Direktor des Leipziger Stadttheaters, danach nur noch auf Gastspielreisen; 1883 Mitbegründer des Deutschen Theaters in Berlin

Hagn, Charlotte von (1809–1891), Schauspielerin, von 1833 bis 1846 am Berliner Schauspielhaus

Hebbel, Friedrich (1813–1863), Dramatiker und Lyriker

Hillern, Wilhelmine von (1836–1916), Tochter der Charlotte Birch-Pfeiffer; Schauspielerin (bis 1857) und Schriftstellerin; heiratete 1857 den badischen Oberstaatsanwalt Hermann von Hillern

Hiltl, Johann George (1826–1878), Schauspieler; von 1845 bis zu seinem Tod am Berliner Schauspielhaus

Hochberg, Bolko Graf von (1843–1926), Sohn eines schlesischen Magnaten; ursprünglich als preußischer Staatsbeamter im diplomatischen Dienst; von 1886 bis 1903 Generalintendant der preußischen Hoftheater

Holtei, Karl von (1798–1880), Schauspieler, Rezitator und Bühnendichter

Hoxar, Wilhelm Freiherr von (1848–1904), Bühnenschriftsteller und Schauspieler, von 1869 bis 1875 am Berliner Schauspielhaus

Hülsen, Botho von (1815–1886), ursprünglich preußischer Offizier; seit 1851 Generalintendant der preußischen Hoftheater

Immermann, Karl Leberecht (1796–1840), Schriftsteller; Verfasser des Romans »Münchhausen. Eine Geschichte in Arabesken«, in den die realistische »Oberhof«-Erzählung, eine Dorfgeschichte, eingefügt ist

Jachmann, Johanna, geb. Wagner (1828–1894), Opernsängerin und Schauspielerin, von 1851 bis 1862 an der Berliner Hofoper, danach bis 1872 am Berliner Schauspielhaus; Nichte Richard Wagners

Jäger, Gustav (1832–1916), Zoologe und Hygieniker; Erfinder der sog. Normalkleidung, die ausschließlich aus tierischer Wolle hergestellt wurde

Jensen, Wilhelm (1837–1911), Schriftsteller; Verfasser historischer Romane

Johannes, Gustav (1837–1901), Schauspieler, von 1876 bis 1882 am Stadttheater in Leipzig

Jugurtha (um 160–104 v. Chr.), König von Numidien (in Nordafrika); beseitigte seine Mitregenten und wurde an die Römer ausgeliefert

Kahle, Richard (1842–1916), Schauspieler, von 1871 bis 1899 am Berliner Schauspielhaus; mit Fontane befreundet

Kahle-Keßler – s. Keßler, Marie

Karlowa, Emil Hermann (1835–1889), Schauspieler, von 1855 bis 1876 am Berliner Schauspielhaus

Kerner, Justinus (1786–1862), Arzt und Schriftsteller; beschäftigte sich besonders mit Forschungen über Spiritismus, Okkultismus und Somnambulismus; lebte seit 1819 in Weinsberg bei Heilbronn, wo er sich um die Erhaltung der Burgruine Weibertreu kümmerte, auf der er auch eine Äolsharfe anbringen ließ

Keßler, Marie (1844–1896), Schauspielerin, seit 1866 am Berliner Schauspielhaus; heiratete 1880 Richard Kahle

Klein, Adolf (1847–1931), Schauspieler, von 1873 bis 1875 am Stadttheater in Leipzig, von 1876 bis 1880 (und 1896/97) am Berliner Schauspielhaus, dazwischen in Wien, Dresden und Hamburg

Klingsberg, Gestalt in August von Kotzebues Lustspiel »Die beiden Klingsberge«

Kohl von Kohlenegg, Leonhard (1834–1875), österreichischer Schauspieler, Regisseur und Schriftsteller

Kotzebue, August von (1761–1819), erfolgreicher Bühnendichter, als angeblicher russischer Spion von dem Burschenschaftler Karl Sand ermordet

Krause, Ernst (1842–1892), Schauspieler, seit 1870 am Berliner Schauspielhaus

Kraußneck, eigtl. Müller, Arthur (1856–1941), Schauspieler, 1884 bis 1888 am Deutschen Theater, dann bis 1897 am »Berliner Theater«, danach am Berliner Schauspielhaus

Kugler, Franz (1808–1858), Kunstwissenschaftler und Schriftsteller; Professor an der Akademie der Künste in Berlin; Vortragender Rat im preußischen Kultusministerium (als solcher formulierte er einen Antrag, weitere Aufführungen von Scribes Lustspiel »Das Glas Wasser« wegen Verspottung des monarchischen Prinzips zu untersagen)

La Rochefoucauld, François VI., Duc de (1613–1680), französischer moralistischer Schriftsteller; Verfasser der »Réflexions ou sentences et maximes morales«

Laube, Heinrich (1806–1884), Journalist, Dramatiker und Erzähler des Jungen Deutschland; von 1849 bis 1867 Direktor des Wiener Burgtheaters, 1869/70 des Leipziger Stadttheaters; gründete 1871 das Wiener Stadttheater

Lautenburg, Sigmund (1851–1918), Schauspieler und Theaterleiter ungarischer Herkunft; von 1887 bis 1904 Direktor des Berliner Residenztheaters

Lenau, Nikolaus, eigtl. Nikolaus Franz Niembsch Edler von Strehlenau (1802–1850), Schriftsteller; lebte 1831/32 in Stuttgart und war häufiger Gast bei Justinus Kerner in Weinsberg

Liedtcke, Theodor (1822–1902), Schauspieler, von 1850 bis 1889 am Berliner Schauspielhaus

Lindau, Paul (1839–1919), Journalist und Schriftsteller; Verfasser zahlreicher Lustspiele; veröffentlichte Theaterkritiken in der von ihm herausgegebenen Wochenschrift »Die Gegenwart«

Lobe, Theodor (1833–1905), Schauspieler; Theaterleiter in Breslau und Wien

Lubliner – s. Bürger

Lucca, Pauline (1841–1908), österreichische Sängerin, von 1861 bis 1872 an der Königlichen Oper in Berlin

Ludwig XI. (1423–1483), König von Frankreich seit 1461; Titelgestalt eines Trauerspiels von Delavigne

Ludwig, Maximilian (1847–1906), Schauspieler, von 1872 bis zu seinem Tod am Berliner Schauspielhaus

Lutter und Wegener, berühmtes Weinlokal in der Berliner Charlottenstraße, in dem zahlreiche Künstler verkehrten

Malvolio, Gestalt in Shakespeares Komödie »Was ihr wollt«

Marie Anna, Prinzessin von Anhalt (1837–1906), seit 1854 verheiratet mit Prinz Friedrich Karl von Preußen (1828–1885)

Marx, Ludwig (1836–1901), Schauspieler und Regisseur an zahlreichen Theatern

Massena, André (1758–1817), französischer General; seit 1804 Marschall von Frankreich, 1808 Herzog von Rivoli, 1810 Fürst von Eßling

Matkowsky, eigtl. Matzkowsky, Adalbert (1858–1909), Schauspieler; zuerst Mitglied einer Zirkustruppe, dann am Hoftheater in Dresden und am Hamburger Stadttheater; seit 1889 am Berliner Schauspielhaus

Meery, Hans (1851–1930), Schauspieler und Regisseur; von 1888 bis 1898 am Berliner Lessingtheater

Melpomene, Muse der Tragödie

Menzel, Adolph (1815–1905), Maler; mit Fontane gut bekannt

Meyer, Clara (1848–1922), Schauspielerin, von 1871 bis 1891 am Berliner Schauspielhaus

Milford, Lady, Gestalt in Schillers »Kabale und Liebe«

Mitterwurzer, Friedrich (1844–1897), Schauspieler, von 1871 bis 1884 in Wien (am Burgtheater, am Theater an der Wien und am Stadttheater), danach Gastspielreisen; seit 1891 am Deutschen Volkstheater in Wien

Moltke, Helmuth Graf von (1800–1891), preußischer Generalfeldmarschall; von 1857 bis 1888 Generalstabschef

Moser, Gustav von (1825–1903), Lustspieldichter

Niemann, Albert (1831–1917), Opernsänger; von 1866 bis 1888 an der Königlichen Oper in Berlin; berühmt vor allem als Wagner-Sänger

Niemann-Raabe, Hedwig (1844–1905), Schauspielerin, von 1860 bis 1862 am Berliner Wallner-Theater, danach in Mainz, Prag und St. Petersburg, seit 1868 Gastspielreisen; von 1884 bis 1887 am Deutschen Theater in Berlin, danach bis 1890 am »Berliner Theater«; seit 1871 verheiratet mit Albert Niemann

Oberländer, Heinrich (1834–1911), Schauspieler und Schauspiellehrer, von 1871 bis zu seinem Tod am Berliner Schauspielhaus

Oechelhäuser, Wilhelm (1820–1902), Nationalökonom, Kommunalpolitiker und Shakespeare-Forscher

Oehlenschläger, Adam (1779–1850), dänischer Lyriker und Dramatiker
Ormuzd, im Parismus (der von Zarathustra gestifteten Religion) der gute und höchste Gott
Orsina, Gräfin, Gestalt in Lessings »Emilia Galotti«

Pappenheim, Gottfried Heinrich Graf zu (1594–1632), kaiserlicher Reitergeneral im Dreißigjährigen Krieg; wurde in der Schlacht bei Lützen tödlich verwundet
Pesne, Antoine (1683–1757), französischer Porträtmaler; seit 1711 Hofmaler in Berlin
Pohl (gest. 1876), Schauspieler, von 1871 bis zu seinem Tod am Berliner Schauspielhaus
Pompadour, Marquise de, Gestalt in Emil Brachvogels »Narziß«
Poppe, Rosa (1867–1940), in Budapest geborene Schauspielerin, von 1888 bis 1915 am Berliner Schauspielhaus
Purschian, Otto (geb. 1858), Schauspieler, von 1887 bis 1899 am Berliner Schauspielhaus
Putlitz, Gustav Heinrich Gans Edler zu (1821–1890), Schriftsteller und Theaterleiter

Richelieu, Armand-Jean Duplessis, Duc de (1585–1642), Kardinal; französischer Staatsmann; brach die politische Macht der Hugenotten durch die Einnahme ihres Waffenplatzes La Rochelle
Richelieu, Louis-François-Armand Duplessis, Duc de (1696–1788), Großneffe des vorigen
Richter, Adrian Ludwig (1803–1884), volkstümlicher Maler und Graphiker; Illustrator zahlreicher literarischer Werke
Ring, Max (1817–1901), ursprünglich Arzt, seit 1857 Schriftsteller; Verfasser zahlreicher Romane und Erzählungen
Ristori, Adelaide (1822–1906), italienische Schauspielerin; durch ihre Gastspiele international bekannt
Robert, Emmerich, eigtl. Magyar Imre (1847–1899), aus Budapest stammender Schauspieler, von 1868 bis 1873 am Berliner Schauspielhaus, dann am Stadttheater, seit 1878 am Burgtheater in Wien; später in Leipzig und wieder in Berlin
Rossi, Ernesto (1827–1896), italienischer Schauspieler; berühmter Shakespeare-Darsteller, gastierte als Othello, Hamlet, König Lear, Shylock und Ludwig XI. (von Casimir Delavigne) am Berliner Schauspielhaus

Salvini, Tommaso (1829–1915), italienischer Schauspieler; unternahm zahlreiche Gastspielreisen durch Europa und Amerika; berühmt für seine Darstellung Shakespearescher Helden

Saphir, Moritz Gottlieb (1795–1858), Journalist und satirischer Schriftsteller; gründete 1827 in Berlin den literarischen Sonntagsverein »Tunnel über der Spree«, dem Fontane seit 1844 angehörte

Schanzer, Marie (1856–1941), Schauspielerin; seit 1882 verheiratet mit dem Dirigenten Hans von Bülow (1830–1894)

Scheffel, Joseph Viktor von (1826–1886), Lyriker, Versepiker und Erzähler; bevorzugte historische Stoffe

Schinkel, Karl Friedrich (1781–1841), klassizistischer Baumeister; geboren (wie Fontane) in Neuruppin

Schlegel, August Wilhelm (1767–1845), Schriftsteller, Übersetzer, Philologe und Literaturkritiker der deutschen Frühromantik

Schmidt, Julian (1818–1886), Journalist und Literaturhistoriker; Verfasser mehrerer Literaturgeschichten

Schwartz, Johanna (1850–1930), zunächst Sängerin in Berlin und Karlsruhe; von 1881 bis 1889 Schauspielerin am Berliner Schauspielhaus, danach in München

Schwarz, Adolf (geb. 1822), Schauspieler, Regisseur und Bühnenschriftsteller in Berlin

Schwing, Fernando (1836–1897), Schauspieler, von 1863 bis 1888 am Berliner Schauspielhaus

Scribe, Eugène (1791–1861), vielgespielter französischer Theaterdichter und Opernlibrettist; Mitglied der Académie Française

Selica, Titelgestalt von Giacomo Meyerbeers Oper »Die Afrikanerin«

Seydelmann, Karl (1793–1843), Schauspieler, von 1838 bis zu seinem Tod am Berliner Schauspielhaus

Sheridan, Richard Brinsley (1751–1816), englischer Komödiendichter

Shylock, der »Kaufmann von Venedig« in Shakespeares Schauspiel

Sorma, Agnes, eigtl. Martha Karoline Zaremba (1865–1927), Schauspielerin, von 1883 bis 1890 und von 1894 bis 1898 am Deutschen Theater in Berlin, dazwischen am »Berliner Theater«; später zahlreiche Gastspiele im In- und Ausland

Spontini, Gasparo (1774–1851), italienischer Opernkomponist und Dirigent; von 1820 bis 1842 Hofkapellmeister in Berlin; vertonte das Gedicht »Borussia« von Josef Friedrich Leopold Duncker (Uraufführung am 18. Oktober 1818, dem fünften Jahrestag der Völkerschlacht bei Leipzig)

Stich, Clara (1820—1862), Schauspielerin, von 1834 bis 1860 am Berliner Schauspielhaus; Tochter der Auguste Crelinger; 1848/49 verheiratet mit dem Schauspieler Franz Hoppé, seit 1860 mit Theodor Liedtcke

Stoecker, Adolf (1835—1909), preußischer Hofprediger; gründete
1878 die Christlichsoziale Arbeiterpartei (seit 1881: Christlichsoziale Partei); antisemitischer Agitator

Stollberg, Leopoldine (1851—1927), Schauspielerin, von 1873 bis
1900 am Berliner Schauspielhaus

Struensee, Johann Friedrich Graf von (1737—1772), Leibarzt Chri-
stians VII. von Dänemark, später Staatsminister; wirkte im Sinne
der Aufklärung; wegen angeblicher intimer Beziehung zur dänischen Königin auf Betreiben des Adels hingerichtet

Taglioni, Auguste (1832 oder 1834 bis 1911), Schauspielerin, 1856/57
am Wiener Burgtheater, danach am Berliner Schauspielhaus;
stammte aus einer bekannten Tänzer- und Ballettmeisterfamilie

Talleyrand-Périgord, Charles-Maurice de (1754—1838), französischer
Staatsmann

Thalia, Muse der Komödie

Thorane, Graf, Gestalt in Karl Gutzkows Lustspiel »Der Königsleut-
nant«

Tromlitz, August von, Pseudonym für Carl August Friedrich von
Witzleben (1773—1839), auf dem Gut Tromlitz in Thüringen geborener Offizier und Verfasser zahlreicher Erzählungen (Gesamt-
ausgabe in 108 Bänden)

Turenne, Henri de la Tour d'Auvergne, Vicomte de (1611—1675),
französischer Feldherr

Vogt, Karl (1817—1895), materialistischer Naturwissenschaftler und
Mediziner; radikaldemokratischer Politiker

Vollmer, Arthur (1849—1927), Schauspieler; vor allem Darsteller komischer Rollen; seit 1874 am Berliner Schauspielhaus

Voß, Richard (1851—1918), Erzähler und Dramatiker

Wallner, Franz (geb. 1854), Schauspieler am Berliner Residenztheater und an dem von seinem Vater Franz Wallner (1810—1876)
gegründeten Wallner-Theater; später am Deutschen Theater in
St. Petersburg

Walpole, Horace (1717–1797), englischer Brief- und Memoirenschriftsteller

Watteau, Jean-Antoine (1684–1721), Maler und Zeichner des französischen Rokoko

Weimar, A., Pseudonym für die in Weimar geborene Schauspielerin, Sängerin und Bühnendichterin Auguste Götze (1840–1908)

Werner, Anton von (1843–1915), Maler; bekannt vor allem wegen seiner nach der Reichsgründung entstandenen chauvinistischen Monumentalgemälde; seit 1875 Direktor der Berliner Akademie der Künste; Gegner Adolph Menzels

Wespe, Titelgestalt in Roderich Benedix' Lustspiel »Doktor Wespe«

Wichert, Ernst (1831–1902), Dramatiker und Erzähler

Wilbrandt, Adolf (1837–1911), Dramatiker, Lyriker, Erzähler und Übersetzer; von 1881 bis 1887 Direktor des Wiener Burgtheaters; 1884 vom bayrischen König Ludwig II. geadelt

Wildenbruch, Ernst von (1845–1909), Dramatiker, Epiker, Erzähler und Balladendichter; Sohn eines preußischen Generals, Enkel des Prinzen Louis Ferdinand von Preußen

Wilhelm I. (1797–1888), 1858 Regent, seit 1861 König von Preußen; seit 1871 deutscher Kaiser

Worsaae, Jens Jakob Asmussen (1821–1885), dänischer Altertumsforscher; Direktor des Museums für nordische Altertümer in Kopenhagen

Wrangel, Friedrich Heinrich Graf von (1784–1877), preußischer Generalfeldmarschall; populär wegen seines derben Berliner Witzes

Wünzer, Theodor (1831–1897), Schauspieler, von 1869 bis 1874 am Berliner Schauspielhaus

Ziegler, Clara (1844–1909), Schauspielerin, von 1868 bis 1874 am Hoftheater in München, danach Gastspielreisen durch Europa; Repräsentantin der idealistischen Bühnenkunst

Titelverzeichnis der besprochenen und erwähnten Stücke

Hamlet, Prinz von Dänemark, Tragödie von William Shakespeare
Harold, Trauerspiel von Ernst von Wildenbruch
Herodes und Mariamne, Tragödie von Friedrich Hebbel
Herzog Bernhard von Weimar, Geschichtliches Trauerspiel von Rudolf
   Gottschall
Hinko, der Freiknecht, Schauspiel von Charlotte Birch-Pfeiffer (nach
   dem Roman »Der Freiknecht« von Ludwig Storch)

Iphigenie auf Tauris, Schauspiel von Johann Wolfgang Goethe

Julius Cäsar, Tragödie von William Shakespeare

Kabale und Liebe, Bürgerliches Trauerspiel von Friedrich Schiller
König Heinrich IV., Tragödie (in zwei Teilen) von William Shakespeare
König Heinrich V., Tragödie von William Shakespeare
König Heinrich VI., Tragödie von William Shakespeare
König Lear, Tragödie von William Shakespeare
König Ödipus, Tragödie von Sophokles
König Richard II., Tragödie von William Shakespeare
König Richard III., Tragödie von William Shakespeare

Lohengrin, Romantische Oper von Richard Wagner
Ludwig XI., Trauerspiel von Casimir-Jean-François Delavigne

Macbeth, Tragödie von William Shakespeare
Macchiavella, Historisches Genrebild von Leonhard Kohl von Kohlenegg
Magdalena, Schauspiel von A. Weimar (Auguste Götze)
Manfred, Dramatisches Gedicht von George Gordon Noël Lord
   Byron
Maria Magdalene, Bürgerliches Trauerspiel von Friedrich Hebbel
Maria Stuart, Trauerspiel von Friedrich Schiller
Maria und Magdalena, Schauspiel von Paul Lindau
Medea, Trauerspiel von Franz Grillparzer
Michel Perrin oder Der ehrliche Spion, Lustspiel von Theodor Hell (nach
   einem französischen Stück der Brüder Duveyrier)
Minna von Barnhelm oder Das Soldatenglück, Lustspiel von Gotthold
   Ephraim Lessing
Mutter und Sohn, Schauspiel von Charlotte Birch-Pfeiffer (nach
   Friederike Bremers Roman »Die Nachbarn«)

Zu diesem Band

Unsere Auswahl aus Theodor Fontanes Theaterkritiken der siebziger, achtziger und frühen neunziger Jahre des 19. Jahrhunderts wird eingeleitet mit einigen Abschnitten aus seiner unvollendeten dritten Autobiographie, die den Titel »Kritische Jahre – Kritiker-Jahre« tragen sollte. Mit Ausnahme der Besprechung der »Weber« von Gerhart Hauptmann (vgl. das Nachwort) sind die Kritiken sämtlich in der »Königlich privilegierten Berlinischen Zeitung von Staats- und gelehrten Sachen«, kurz »Vossische Zeitung« genannt, erschienen. Der besseren Übersicht wegen haben wir die Texte nicht in der kalendarischen Reihenfolge ihres Entstehens, sondern in vier Gruppen, jeweils nach den Geburtsjahren der Autoren, angeordnet. Die Gruppenüberschriften charakterisieren die darin enthaltenen Stücke.

Da es dem Theaterkritiker Fontane stets in erster Linie um die aufgeführten Werke ging und erst danach um deren Darstellung auf der Bühne, haben wir – auch in Erwägung, daß dem heutigen Leser die Namen der Schauspieler zum größten Teil unbekannt sind – detaillierte Ausführungen über deren Leistungen weggelassen. Mitgeteilt werden jedoch solche Partien, die etwas aussagen über die spezifische Rollenauffassung einzelner Schauspieler, besonders wenn es sich um bekannte Stücke handelt. Die Auslassungen sind durch [...] gekennzeichnet. Den Überschriften der einzelnen Kritiken wurden die Aufführungsdaten hinzugefügt und, gegebenenfalls, die Namen gastierender Schauspieler oder die der Übersetzer, sofern sie ermittelt werden konnten.

Das Personenverzeichnis enthält und erläutert (z. T. auch im Hinblick auf einzelne Textstellen) in den Kritiken vorkommende Namen historischer und mythologischer Personen sowie die von Dramengestalten, soweit sie – wie z. B. die Autoren der Gruppen II, III und IV – nicht mehr im allgemeinen Bewußtsein lebendig sind. In das Titelverzeichnis wurden nicht nur die besprochenen Stücke aufgenommen, sondern auch die häufig ohne Verfassernamen in den Texten erwähnten. Die Titel wurden nach Möglichkeit vollständig und mit den von ihren Autoren gewählten Genrebezeichnungen wiedergegeben.

Folgende Ausgaben liegen den hier dargebotenen Texten zugrunde:

– Theodor Fontane: Autobiographische Schriften. Herausgegeben von Gotthard Erler, Peter Goldammer und Joachim Krueger. Band III/1, bearbeitet von Joachim Krueger. Aufbau-Verlag Berlin und Weimar 1982 (für Abschnitt I). Zum Vergleich herangezogen: Theodor Fontane: Sämtliche Werke, Band XV. Herausgegeben von Kurt Schreinert und Jutta Neuendorff-Fürstenau. Nymphenburger Verlagshandlung München 1967.

– Theodor Fontane: Causerien über Theater (= Sämtliche Werke, Band XXII/1–2). Unter Mitwirkung von Kurt Schreinert herausgegeben von Edgar Groß. Nymphenburger Verlagshandlung München 1964 (für Abschnitte II–V).

ISBN 3-351-03196-3

1. Auflage 1998
© Aufbau-Verlag GmbH, Berlin 1998
Einbandgestaltung Heinz Hellmis
Typographie Christa Wendt
Satz LVD GmbH, Berlin
Druck und Binden Kösel GmbH, Kempten
Printed in Germany